살아있는 속회 만들기

CMI 지도자훈련 _ **기본 2**
살아있는 속회만들기

초판 1쇄 인쇄 2015년 11월 26일
초판 2쇄 발행 2020년 9월 12일

지은이 박동찬
펴낸이 유영완
펴낸곳 C M I
편집인 곽주환
등록 제300-2014-155호
주소 110-730 서울특별시 종로구 세종대로 149 감리회관 13층
전화 (02)399_3959 (대표)
팩스 (02)399_3940
홈페이지 www.cmi.ne.kr

기획편집 장이려
디자인 하늘공작소(02_416_3076)

ⓒ 속회연구원
ISBN 979-11-954307-4-1

- 이 책은 저작권법에 따라 보호받는 저작물이므로 무단전재와 무단복제를 금지하며, 이 책의 전부 또는 일부를 이용하려면 CMI출판사의 서면 동의를 받아야 합니다.
- 잘못된 책은 구입한 서점에서 교환하여 드립니다.

CMI 지도자훈련 _ 기본 2

살아있는 속회만들기

박동찬 지음

프롤로그

사람이 건강한 것은 세포가 건강하기 때문입니다. 바꾸어 말하면, 사람이 건강하지 못한 원인은 세포가 건강하지 못하기 때문이라는 것입니다. 세포가 약할 때 사람은 건강을 잃게 되고 작은 질병에도 고통을 당하게 됩니다. 면역력도 세포의 건강과 직결된 문제이기 때문입니다.

속회는 교회의 세포와 같습니다. 그래서 속회가 건강하면 교회도 건강하지만, 속회가 건강하지 못하면 교회가 아프기 시작합니다. 오늘날 유발되는 많은 교회의 문제는 속회가 건강하지 못한 것에서 비롯된다고 해도 과언이 아닙니다. 그러나 안타깝게도 많은 교회의 경우 건강한 속회를 가지기 보다는 형식적인 속회, 교인 관리용 속회를 가지고 있기 때문에 작은 어려움에도 교회가 요동치는 모습을 보게 됩니다.

존 웨슬리가 시작한 감리교 운동은 한 마디로 '속회운동'이었습니다. 작은 속회였지만 살아있는 속회였습니다. 속회에서 진정한 회개가 일어나고 속회에서 많은 선한 사역들이 전개되었습니다. 그리고 무엇보다 속회를 통해 개인의 삶이 변화되고 성화가 이루어졌습니다. 그 결과, 영국 사회는 변화되었고, 교회 역시 빠른 속도로 성장하게 되었습니다. 당시 생명력을 잃고 세속화의 물결 속에서 헤엄치던 영국 교회가 속회운동을 통해 전환점을 맞으며 변화되었다는 점은 오늘날 한국 교회에 희망의 빛으로 비춰집니다.

오늘 우리의 상황은 존 웨슬리 당시의 영국 교회 상황과 매우 흡사하다고 말할 수 있습니다. 밀려들어오는 세속화의 바람을 막아내기에 역부족의 상황이 되고 있습니다. 교회는 점점 유명무실한 기관으로 전락하고 있는 느낌입니다. 그러나 존 웨슬리가 속회 운동을 통해 영국교회를 살리고 영국 사회를 변화시켰다면 오늘 한국교회도 속회 운동을 통해 변화를 시도할 수 있다고 확신합니다.

속회를 살리는 일은 교회의 건강을 회복하는 일입니다. 해도 되고 안 해도 되는 일이 아닙니다. 한국교회가 살아나기 위해선 반드시 속회가 살아야 합니다. 한국교회의 회복은 속회의 회복에서부터 시작하는 것이 맞습니다.

"모든 것 중에 최고는 하나님이 우리와 함께 하시는 것이다."
(The best of all is, God is with us.)
- John Wesley

살아있는 속회 건강한 교회를 꿈꾸며
_ 박 동 찬

Chapter 01 **소그룹과 감리교 속회 운동** 9
소그룹의 유익
감리교 속회의 기원과 변화 과정
감리교 속회의 목적과 내용
감리교 속회의 조직적 특징

Chapter 02 **속회의 본질적 의미 ① 교회 안의 작은 교회** 21
교회 안의 작은 교회로서의 속회
교회 안의 작은 교회로서의 정체성
교회 안의 작은 교회로서의 사명
속회와 전체교회와의 관계

Chapter 03 **속회의 본질적 의미 ② 성화의 도구** 33
웨슬리 당시 18세기 영국의 상황
성화의 도구로서의 감리교 공동체
성화의 도구로서의 속회의 사명
성화의 도구로서 속회가 기억해야 할 것

Chapter 04 **속회의 기능적 의미** 47
속회는 가정입니다
속회는 학교입니다
속회는 병원입니다

Chapter 05 **속회의 사명** 61
사명과 시대의 밀접한 관계
성경 속의 모범적인 속회
역사 속의 모범적인 속회
속회의 사명을 실천하기 위한 지향점

Chapter 06　건강한 속회를 위해 기억해야 할 원칙들　78
조화와 균형
빈자리
속회의 우선순위
실제적인 코이노니아
분속을 통한 성장

Chapter 07　속회의 실제　93
속회 사역의 범위
속회 안의 사역 : 속회운영법
속회 밖의 사역 : 일대일만남
속회 운영시 문제 해결 방법

Chapter 08　속장의 삶　110
속장의 정체성
속장의 역할
속장의 자질
속장의 자기관리
속장의 상급

Chapter 09　속회와 교회사역　127
속회의 균형 유지
성도를 위한 사역
교회 목회 지원 사역
효과적인 교회 사역을 위해 기억해야 할 것
건강한 속회의 운영을 위한 노력

Chapter 01

소그룹과 감리교 속회 운동

생각하기

일상에서 쉽게 접할 수 있는 소그룹은 어떤 것이 있습니까?

당신은 현재 어떤 소그룹에서 활동하고 있습니까?

소그룹(小-group)이란 사람들이 무리를 지어 형성한 '사회'에서 볼 수 있는 가장 자연스러운 형태의 '모임'입니다. 우리는 일상에서 다양한 형태의 소그룹을 접합니다. 등산이나 자전거, 여행 동호회 등 취미 소그룹을 통해 자연스러운 교제를 나누며, 정부나 기업에서는 소그룹 TFT(Task Force Team)을 조직하여 중요한 사안을 효율적이고 정확하게 처리합니다. 교회 안에서도 속회, 셀, 목장 등 여러 이름으로 불리는 신앙 소그룹을 통해 교회의 부흥과 성도의 신앙성숙을 이루어가고 있습니다.

소그룹이 갖는 구체적인 유익은 무엇일까요? 더 나아가 신앙생활에서는 어떤 유익이 있을까요? 함께 살펴보도록 하겠습니다.

소그룹의 유익

다양한 욕구를 충족시킬 수 있습니다

사람들은 다양한 욕구를 가지고 살아갑니다. 대표적으로 가장 원초적이며 생리적인 욕구인 식욕, 수면욕, 성욕 등이 있습니다. 또 추위와 질병 등 위험으로부터 보호받기를 원하는 욕구, 사회적인 존재로서 소속감을 갖고 애정을 나누고픈 욕구, 사람들에게 인정받고 칭찬과 명성을 누리고 싶은 욕구, 자아를 실현하여 완성하고픈 욕구 등이 있습니다.

교회 공동체에도 이와 같은 욕구를 지닌 사람들이 모입니다. 그렇기 때문에 교회지도자들은 성도들의 다양한 욕구를 파악하고, 그것을 충족하기 위해 효과적인 대안들을 마련해야 합니다. 그 중 하나로 소그룹을 활용하는 것을 추천합니다. 소그룹을 활용하면 다양한 욕구들을 구체적으로 해결해 나갈 수 있습니다.

효과적인 교육에 유용합니다

사람들에겐 저마다의 가면이 있습니다. 가정, 직장, 친구들과의 모임, 교회공동체 등 상황에 따라 여러 가지의 가면을 착용합니다. 그래서인지 많은 사람들이 가면 뒤에 숨겨진 본래 자신의 모습을 알지 못한 채 겉으로 드러난 가면이 자기인 줄 착각하며 살아갑니다.

소그룹에서도 처음에는 가면을 쓴 채 서로를 대할 것입니다. 그러나 소그룹에서 지속적으로 삶을 깊이 있게 나누다보면 본래의 모습을 감출 수 없게 됩니다. 가면 뒤에 숨겨진 자신의 모습을 발견하게 되는 것입니다. 모임이 반복되는 동안 사람들은 변화의 모델을 발견하게 될 뿐만 아니라 인격적 변화를 경험하게 됩니다. 이것이 바로 소그룹이 지닌 중요한 교육적 효과입니다.

소그룹이 지닌 교육적 효과의 대표적인 사례는 예수님의 제자훈련입니다. 예수님께서는 하나님 나라의 복음 사역을 위해서 단지 12명의 제자들을 부르셨습니다. 예수님께서는 적극적이고 다혈질인 베드로, 온유한 안드레, 현실적이고 냉정한 도마 등 다양한 제자들과 함께 생활하며 그들을 훈련시키셨습니다.

마가복음 3:14
이에 열둘을 세우셨으니 이는 자기와 함께 있게 하시고 또 보내사 전도도 하며

제자들은 소그룹 공동체의 삶을 통해서 자기 자신의 실체를 바로 보게 되었고, 예수님의 3년여 공생애 시간을 함께 하며 신실한 제자들로 변화되었습니다. 그렇게 변화된 12명의 제자들을 통해 하나님의 나라는 확장될 수 있었습니다. 이처럼 소그룹은 자신의 실체를 마주대하는 자리이며, 새로운 변화가 일어나는 중요한 교육의 장(場)입니다.

교회성장의 도구로서 유익합니다

최근 교회성장모델로 제시되고 있는 G12, D12, Cell과 같은 사역들은 역동적인 소그룹으로부터 비롯되었습니다. 소그룹 중심의 사역을 통해 폭발적인 교회성장과 부흥이 일어났다는 것은 이미 널리 알려진 사실입니다. 뿐만 아니라 오늘날 목회 현장에서 일어나는 교회성장도 총동원 주일, 태신자초청 주일과 같은 일회적 전도프로그램보다는 소그룹 중심의 다양한 관계전도를 통해 이루어지고 있음을 알 수 있습니다.

소그룹은 새가족의 정착에도 매우 유익합니다. 새가족은 소그룹에서 여러 사람들과 친밀한 관계를 맺게 됩니다. 상호간의 신뢰를 바탕으로 신앙생활을 하며 지속적인 성장을 이루게 됩니다. 또 공동체의 이탈을 방지할 수 있습니다.

교회 소속감을 고취하는데 유익합니다

교회의 규모가 성장해 갈수록 성도간의 친밀도와 실제적인 교제는 적어지거나 제한적일 수 있습니다. 이러한 상황에 직면한 성도들은 소외감을 느끼거나 소속감을 상실하곤 합니다.

교회는 성장 해갈수록 성도들의 소속감을 고취시키도록 노력해야 합니다. 교회에 소속감을 갖도록 하는 데 있어 소그룹은 큰 도움이 됩니다. 성도들은 소그룹 안에서 자신의 존재와 삶을 인정받고, 친밀한 교제를 통하여 서로를 이해하고 사랑하게 됩니다. 이러한 과정을 거치면서 성도들은 소그룹에 대한 일체감과 소속감을 갖게 되는 동시에 교회에 대한 확고한 소속감도 갖게 됩니다.

이단 침투 방지에 유익합니다

최근 한국사회에는 신천지, 통일교, 안식교, 안상홍증인회(일명 하나님의 교회), 여호와의 증인, J.M.S 등 이단들이 교회와 성도들을 미혹하고 위협하고 있습니다. 심지어 교회공동체 안으로 침투하여 교회공동체를 무너뜨리려는 비이성적인 포교전략을 실행하기도 합니다.

이런 상황 속에서 소그룹은 공동체를 보호하는 역할을 합니다. 왜냐하면 소그룹에서는 서로의 신앙의 관심과 수준, 삶의 환경들을 분명하게 인지하고 있기 때문입니다. 훈련받은 소그룹 리더들은 성도들의 신앙과 삶을 보호할 뿐만 아니라 교회공동체로 침투해 오는 이단들을 발견하고 적극적으로 대처할 수 있습니다.

감리교 속회의 기원과 변화 과정

감리교회의 속회는 소그룹을 목회현장에 활용해 성도들의 성화와 교회의 갱신, 더 나아가 사회의 변혁을 이끌어 냈던 실례입니다. 이러한 감리교회의 속회의 기원과 변화의 과정에 대해서 살펴보도록 하겠습니다.

존 웨슬리(John Wesley, 1703-1791)의 중요한 목회수단이었던 속회는 역사 속에서 여러 가지 변화의 과정을 거쳐 왔습니다.

시작은 재정확보의 수단

감리교 속회의 태동은 '뉴룸(New Room)'과 연관되어 있습니다. 뉴룸은 신도회들의 모임이 이루어지는 공간이며 메도디스트의 집회 장소, 설교당, 만남의 집, 학교, 약국, 병원, 설교훈련소, 도서관, 웨슬리의 거처 등 다양한 용도로 사용되었습니다.

뉴 룸(NEW ROOM)의 모습

그렇다면 뉴룸과 속회의 시작은 어떤 연관성이 있을까요?

웨슬리는 사람들이 예수님을 영접하여 구원받는 것을 보면서 기뻐했지만 한편으로는 영접 이후에 성화의 여정을 완주하지 못하고 파선(破船)하는 상황을 지켜보면서 안타까워했습니다. 그래서 웨슬리는 '어떻게 하면 성도들이 파선하지 않고 성화의 여정을 완주할 수 있을까?' '성도의 성화를 도울 수 있는 도구는 무엇이 있을까?' 깊이 고민하게 되었습니다.

그러던 중 1739년, 웨슬리는 브리스톨(Bristol)에서 많은 성도들이 지속적인 모임을 통하여 성화의 여정을 모범적으로 해나가는 니콜라스 신도회와 볼드윈 신도회를 보게 되었습니다. 웨슬리는 그 곳에서 아이디어를 얻었습니다. 그래서 사람들이 모일 수 있는 공간을 마련하기로 결정하고 시내 중심부의 홀스페어(Horsefair)에 약 100여 평의 땅을 샀습니다. 같은 해 5월 12일에 기공식을, 6월 3일에 준공식을 하여 뉴룸을 완공하였습니다.

그러나 문제가 발생했습니다. 건축에 관련된 빚이 생긴 것입니다. 웨슬리는 뉴룸 건축 당시 공사에 직접 관여하지 않고 관리인들을 임명하여 공사를 맡겼습니다. 그러다보니 공사의 진행과정에서 자신도 알지 못하는 150파운드 이상의 빚을 떠안게 되었고 인부들의 임금체불로 인하여 공사를 중단할 상황에 직면하게 되었습니다. 조지 휫필드(George Whitefield, 1714-1770)를 비롯한 후원자들은 즉각 관리인을 해임하고 웨슬리가 직접 일을 처리하지 않으면 건축을 위한 기부를 하지 않겠다고 통보하기도 하였습니다.

결국 웨슬리는 1742년 2월 15일 뉴룸의 부채 청산 방법을 모색하기 위해 회의를 개최하였습니다. 이 회의에서 은퇴한 선장 포이(Captain Foy)는 신도회 회원들 각자가 뉴룸의 모든 부채를 다 갚기까지 1주일에 1페니씩 내기를 제안했습니다. 그는 매주 자신이 맡은 11명의 회원들을 방문하여 그들의 몫을 거두고 만약 내지 못할 경우에는 자신이 대신 내겠다고 말했습니다. 이러한 제안에 다른 사람들도 동의하게 되었고 논의 끝에 신도회를 12명씩 나누어 한 그룹으로 묶은 후 각 그룹에서 한 사람이 책임지고 매주 1회 회원들을 방문하여 1페니씩 헌금을 모아

회계에게 가지고 온다는 실천사항에 합의하게 되었습니다. 이것이 감리교 속회의 출발입니다.

재정 확보의 수단에서 목양적 기능으로

초기 속회는 뉴룸의 재정 확보의 역할을 충실하게 감당하였습니다. 그룹 대표들은 매주 회원을 방문해서 1페니의 헌금을 거두었습니다. 그리고 이러한 과정에서 자연스럽게 알게 된 회원들의 삶의 형편과 영적인 상황들을 웨슬리에게 보고하였습니다.

덕분에 웨슬리는 성도들의 구체적인 형편들을 알게 되었고 목회적인 결단을 통해 재정확보의 수단이었던 속회를 성도들의 성화의 도구로 전환하기로 결정하였습니다. 이때부터 12명으로 구성된 소그룹을 '속회(Class meeting)'라고 이름붙였고, 11명의 회원을 돌보는 지도자를 '속장(Class Leader)'이라고 부르게 되었습니다.

재정확보의 수단에서 성도의 성화를 위한 도구로서 기능을 달리한 속회제도는 모든 신도회로 급격하게 퍼져 나갔습니다. 1742년 말에는 속회가 완벽하게 제도화되었고 메도디스트 신도회의 신앙교육을 위한 핵심기구로 정착하게 되었습니다. 이후 속회는 감리교 신앙운동의 중심으로서 성도의 성화와 교회의 갱신, 사회변혁에 지대한 영향을 끼치는 모태가 되었습니다.

성경공부 모임으로

그러나 웨슬리 사후에 속회는 역동성과 상호 돌봄의 기능을 상실해 버린 채 단순한 성경공부로 전락하게 되었습니다.

감리교 속회의 목적과 내용

속회의 목적은 성화입니다

성화의 도구로서의 속회를 이해하기 위해서는 웨슬리 구원론을 이루는 중요한 두 축인 '칭의(justification)'와 '성화(sanctification)'의 개념을 이해하는 것이 중요합니다.

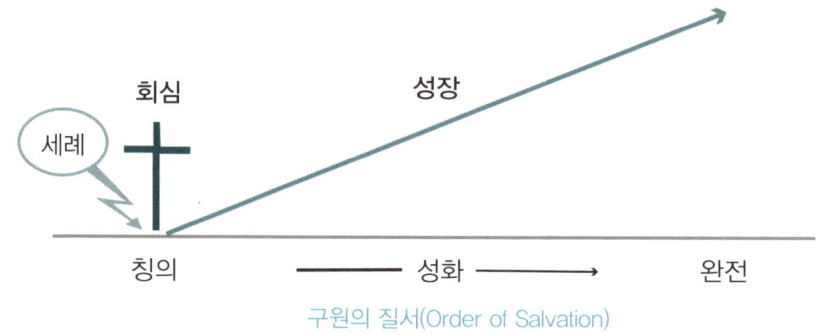

구원의 질서(Order of Salvation)

칭의란 하나님의 선재적인 은총 아래에서 회개하여 그리스도의 십자가 구속의 은혜를 믿음으로 받아들여 의롭다 인정함을 받는 사건입니다. 성도의 내면 변화의 관점에서 볼 때에는 '거듭남(regeneration)'이라고 표현합니다. 칭의는 성화 여정의 출발점입니다.

성화란 칭의를 통해 거듭난 성도들이 그리스도의 완전(perfection)을 향하여 성장해 가는 모든 과정을 의미합니다. 성령의 내적증거를 통해 나타난 칭의가 성화의 여정을 통해 믿음 소망 사랑 등 성령의 외적증거들로 표현되며 하나님의 자녀로서의 온전한 삶을 사는 것입니다.

속회는 성화의 여정 속에서 성도들이 세상의 유혹으로부터 믿음의 배가 파선하지 않도록 보호할 뿐만 아니라 여정을 완주할 수 있도록 돕는 역할을 감당해야 합니다.

속회의 내용은 실제적인 삶의 변화입니다

웨슬리가 강조하는 성화는 성도들의 '신분적인 변화'에만 머무는 것이 아니라 '실제적인 삶의 변화'를 추구합니다. 웨슬리는 속회에서 성도들이 성화의 삶을 살아가고 있는지를 지속적으로 점검하도록 하였습니다. 점검의 대표적인 방법은 감리교 세 가지 총칙 준수, 속회를 통한 신령상의 점검, 속회보고서 작성 등입니다.

감리교 세 가지 총칙 준수

속회를 비롯한 감리교의 신앙공동체에 속한 이들이 반드시 지켜야 하는 세 가지의 규칙이 있습니다.

첫째, 모든 종류의 악을 피하라.
둘째, 모든 선을 행하라.
셋째, 하나님의 모든 예법을 지키라.

속회원들은 삶 속에서 세 가지 총칙을 준수하면서 성화를 위한 노력들을 지속하였고 속회모임 속에서 구체적으로 점검하였습니다.

> **Tip** [일산광림교회의 일곱 가지 규칙들]
>
> 일산광림교회에서는 존 웨슬리의 세 가지의 총칙을 일곱 가지 실천사항으로 정리하여 성도들이 삶의 현장에서 구체적으로 실천하도록 돕고 있습니다.
>
> 첫째, 양심에 거리끼는 일은 하지 않습니다.
> 둘째, 하루에 한 가지 이상 선행을 실천합니다.
> 셋째, 하루에 성경을 1장 이상 읽습니다.
> 넷째, 하루에 10분 이상 기도합니다.
> 다섯째, 주일에는 반드시 주일예배에 참석합니다.
> 여섯째, 서로 칭찬하며 험담이나 부정적인 이야기는 하지 않습니다.
> 일곱째, 하나님의 영광을 위해 하루 30분 이상 운동합니다.

속회를 통한 신령상의 점검

속장은 속회의 영적 리더로 매주 속회원들을 방문하며 그들의 형편에 대하여 권면하고, 가르치고, 인내하고, 책망하고, 위로하고, 지원하고, 구제하며, 기도해 주었습니다. 그리고 속회원의 모든 형편을 목사나 설교자에게 보고하였습니다. 속회는 성도들의 성화를 위한 속장들의 책임 있는 점검이 이루어지는 자리였습니다. 이와 같은 속장들의 사역은 성도들의 삶이 변화되도록 하는 구체적인 노력이었습니다.

속장의 속회보고서 작성

속장들은 속회보고서를 작성하였는데 이 보고서는 간단한 기호를 통하여 결석 사유, 영적인 상태, 구원의 확신 등을 표시하도록 되어 있었습니다. 웨슬리는 속회보고서를 통하여 성도들의 성화의 단계를 파악할 수 있었고 이것을 토대로 그리스도의 완전을 향한 성화의 목표를 이룰 수 있도록 도와주었습니다.

감리교 속회의 조직적 특징

성도들의 수준과 상황에 따른 다양함

감리교 신앙공동체 안에는 매우 다양한 사람들이 함께 하고 있었습니다. 그들은 사회 경제적인 상황뿐 아니라 신앙의 수준도 각양각색이었습니다. 칭의를 통한 거듭남을 이제 막 체험한 사람부터 그리스도의 완전에 거의 다다른 사람까지 있었습니다. 웨슬리는 이러한 부분을 '구원의 질서(Order of Salvation)'로 설명하면서 모든 성도들이 성화를 이룰 수 있도록 각각의 수준에 맞는 네 가지 신앙공동체를 조직하였습니다. 속회, 밴드, 선발신도회, 참회자반입니다.

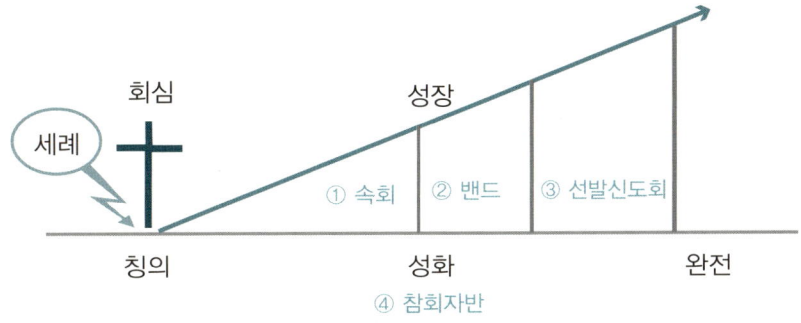
구원의 질서와 감리교 신앙공동체 조직들

좀 더 자세히 설명하자면 웨슬리는 성도들을 우선 교제와 교육중심의 속회(Class meeting)에 참석하도록 하여 신앙의 기초를 다지도록 했습니다. 속회원들 중 내면에 대한 철저한 성결과 신앙의 성숙을 갈망하는 이들이 있다면 신앙고백적 영성훈련모임인 밴드(band)에 참석하여 같은 수준의 성도들과 매주일 교제하게 하였습니다. 그리고 성화의 단계가 완전에 이른 이들은 선발신도회(select society)에서 함께 모여 상호책임을 가지고 교제하도록 하였습니다. 또 속회에 잘 적응하지 못하고 신앙의 파선을 한 이들은 참회자반(penitents)에서 다시 자신을 돌아보며 신앙의 성장과 삶의 변화에 대한 동기를 부여받도록 하는 노력도 잊지 않았습니다.

성화에 대한 분명한 목표

웨슬리가 네 가지의 신앙공동체를 만든 것은 다른 이유 때문이 아니었습니다. 모든 신앙공동체들의 동일한 목표는 성도들의 성화입니다. 감리교 신앙공동체는 성도들의 마음과 생활방식을 개혁하고, 마음과 생활의 성결을 이루며, 속회원들의 완전한 성화를 이루기 위한 도구로서 존재하였습니다.

감리교의 공동체는 철저하게 성도들의 성화를 위해 조직되었고 성도들이 그리스도의 장성한 분량까지 성장해 갈 수 있도록 다양한 수준에 맞춘 지속적인 노력을 했습니다.

속회는 단순한 친교의 모임이 아니라 성도의 성화를 이루는 거룩한 모임으로 존재하였습니다.

나눔

속회를 통해서 경험했던 신앙적 유익에 대해서 나누어 보시기 바랍니다.

Chapter 02
속회의 본질적 의미 ①
교회 안의 작은 교회

생각하기

속회에 처음 참석했을 때의 경험을 나누어 보시기 바랍니다.

___

___

___

___

속회는 전통적으로 '교회 안의 작은 교회(ecclesiola in ecclesia)'로 불려 왔습니다. 이러한 명칭에는 교회의 갱신과 본질의 회복을 추구했던 경건주의와 교회 안의 신앙공동체로서 사명을 감당해야 하는 속회 정체성이 고스란히 담겨 있습니다.

교회 안의 작은 교회로서 속회가 갖는 본질적인 의미는 시대와 문화, 환경이 변할지라도 지켜내어 계승 발전시켜야 하는 중요한 것입니다. 그렇다면 속회가 가져야 하는 교회 안의 작은 교회의 의미는 구체적으로 무엇일까요?

교회 안의 작은 교회로서의 속회

교회의 본질회복 운동입니다

'교회 안의 작은 교회'로서 속회가 가지고 있는 본질적인 의미를 이해하기 위해서는 경건주의에 대한 이해가 필요합니다. 속회는 교회의 갱신과 본질을 추구했던 경건주의의 흐름 속에 생겼기 때문입니다.

그렇다면 '경건주의'는 무엇일까요? 경건주의는 신교와 구교 간에 일어났던 30년 전쟁(Thirty Years' War, 1618-1648) 이후 회복의 과정에서 시작되었습니다. 전쟁의 화마가 할퀴고 간 자리가 늘 그렇듯 격전지였던 17세기 후반의 독일의 상황은 참혹했습니다. 대부분의 경작지는 황무지로 변했고 전염병과 기아로 인하여 많은 사람들이 생명을 잃었으며 도덕적인 타락도 팽배했습니다. 사람들은 깊은 절망과 아픔 속에서 신음하고 있었습니다.

그러나 처참한 상황에서 성도들을 위로하고 회복에 힘써야 하는 루터교 정통주의는 신학적인 사변에만 관심을 두고 교리논쟁과 사변적인 설교, 형식적인 예배에만 치중하였습니다. 이와 같은 암담한 상황 속에서 교회의 갱신과 신앙의 본질을 회복하기 위해 일어난 운동이 경건주의 운동입니다.

속회는 단순히 성도의 관리나 성경공부의 모임으로서 존재하는 것이 아니라 성도들의 삶을 위로하고 회복케 하는 역할을 감당해야 하는 사명이 있음을 잊지 말아야 합니다. 교회공동체의 테두리 안에 존재하는 교회 안의 작은 교회로서의 본질을 회복해야 합니다.

믿음 위에 바로 선 지도자가 필요합니다

30년 전쟁의 참화 속에서 교회 본질의 회복과 갱신을 위해 탄생한 경건주의 운동이나 18세기 영국사회의 타락 속에서 성도의 성화를 이루고 교회를 새롭게 했던 속회는 믿음의 지도자들의 헌신과 열정 속에서 발전되었습니다. 대표적인 믿음의 사람들이 스페너와 프랑케, 진젠도르프와 웨슬리입니다. 차례로 살펴보겠습니다.

스페너(Philipp Jakob Spener, 1635-1705)

경건주의의 아버지로 불리는 스페너는 제도적인 교회의 틀 안에서 작은 경건 모임(Collegium Pietatis)을 형성하여 30년 전쟁 이후의 타락했던 교회를 새롭게 갱신하려고 했습니다. 그는 비제도적인 작은 성경모임을 통하여 점진적으로 전체를 갱신하는 것을 목표로 교회 안의 소그룹 운동을 지속해 나갔습니다.

프랑케(August Hermann Francke 1663-1727)

스페너가 경건주의 운동의 방향을 제시했다면 그의 뒤를 이은 프랑케는 그것을 이론화하고 조직적으로 만들어서 전 독일에 확장시켰습니다.

프랑케는 자신이 헬라어 및 고대 근동어 교수로 재직하고 있었던 할레(Halle)대학교를 중심으로 경건주의를 확장시켜 나갔는데 특별히 경건주의 운동이 실천적인 행동으로 이어지도록 힘썼습니다.

프랑케는 경건주의의 교육뿐만 아니라 가난과 부도덕한 생활에 빠져있던 소외된 대중들에게 교육과 자선을 위한 다양한 노력들을 했습니다. 1695년 부활절에 연구실 근처에 '빈민학교'를 개교한 이후 서민 자녀들의 중등교육을 위한 독일어 학교, 귀족 자녀들을 위한 초등학교, 대학수험준비를 하는 학생들을 위한 라틴어 학교 등 교육 사업을 활발하게 진행했습니다. 1695년 가을, 4명의 고아를 위한 고아원도 창설하였습니다. 더 나아가 가난한 과부들을 위한 보금자리도 마련했습니다. 이후 서점, 화학실험실, 도서관, 자연과학박물관, 세탁소, 농장, 제과점, 양조장, 병원 등을 설립하였습니다. 스페너의 경건소모임은 그 자체로는 생명력을 유지하지는 못했지만, 그의 후계자인 프랑케를 통하여 사회적인 영역에서 빛을 발하게 되었습니다.

야고보서 1:27
하나님 아버지 앞에서 정결하고 더러움이 없는 경건은 곧 고아와 과부를 그 환난 중에 돌보고 또 자기를 지켜 세속에 물들지 아니하는 그것이니라

진젠도르프(Nicholas Ludwig Von Zinzendorf, 1700-1760)

프랑케를 통한 사회적 영역의 경건주의가 생명력을 가지고 움직일 수 있었던 것은 진젠도르프 백작을 중심으로 한 헤른후트(Herrnhut)형제단이 등장하면서부터입니다.

헤른후트 형제단은 기독교 역사상 최초로 제도적인 교회의 허락 하에 교회와 공존했던 작은 교회로서 소규모 공동체인 '밴드(Band)'과 '콰이어 체제(Choir)'를 통하여 이중 삼중의 긴밀한 관계를 맺도록 했습니다.

헤른후트 형제단은 진젠도르프 사후에도 사라지지 않았고, 웨슬리를 비롯한 수많은 사람들에게 지대한 영향을 주었습니다.

존 웨슬리(John Wesley 1703-1791)

웨슬리를 중심으로 하는 감리교 신도회는 진정한 의미의 교회 안의 작은 교회였습니다. 감리교 신도회는 루터교회 안으로 편입되지 못한 채 존재했던 헤른후트 형제단과는 달리 영국 국교회라는 제도적인 교회 안에 자리 잡은 소규모 공동체였습니다.

조직 체계에서도 감리교 신도회는 정기적인 모임으로 공동체성을 유지하였고, 상호 책임의식을 바탕으로 속회, 밴드와 같은 소그룹 조직들을 통하여 교회의 사명을 이루고 갱신하였습니다. 이러한 점에서 감리교회의 출발은 종교개혁운동(Reformation Movement)이기보다는 영국 성공회 안에서 일으킨 종교갱신운동(Renewal Movement)이라고 할 수 있습니다.

정리한다면 경건주의 운동은 30년 전쟁 이후 스페너를 통하여 교회의 본질 회복과 갱신을 이루기 위해서 출발하였고, 그의 제자인 프랑케를 통해서 사회적인 실천을 이루었으며, 헤른후트 형제단을 지나 마침내 웨슬리에 이르러 교회 안의 작은 교회로서의 본질적인 모습을 갖게 되었습니다.

경건주의의 흐름 속에 서 있는 속회는 스페너가 강조했던 내적신앙의 경건과 프랑케가 추구했던 실천적인 경건의 모습을 함께 가지고 있어야 합니다. 그리고 일련의 과정들이 믿음의 영적인 지도자들을 통해서 이루어진 것처럼 오늘날의 속회도 속장을 비롯한 속회지도자들의 헌신과 열정을 요청하고 있음을 잊지 말아야 합니다.

교회 안의 작은 교회로서의 정체성

하나님의 백성으로서의 보편성을 가져야 합니다

웨슬리는 교회를 보편적이며 우주적이라고 말합니다. 여기서 보편적이란 하나님의 부르심을 받은 모든 세계에 있는 그리스도인을 의미합니다. 개체교회들은 시대와 환경, 문화적 상황 속에서 형성된 나름대로의 독립성을 유지하면서도 보편성은 잊지 말아야 합니다.

교회 안의 작은 교회인 속회 역시 다양한 모습을 유지하면서도 보편적이며 우주적인 교회로서의 정체성을 분명하게 인식하고 공유해야 합니다. 이를 위해서 속회는 지속적으로 속회원들의 구원의 확신을 점검하고 확증해 나가야 합니다.

베드로전서 2:9-10
9.그러나 너희는 택하신 족속이요 왕 같은 제사장들이요 거룩한 나라요 그의 소유가 된 백성이니 이는 너희를 어두운 데서 불러내어 그의 기이한 빛에 들어가게 하신 이의 아름다운 덕을 선포하게 하려 하심이라 10.너희가 전에는 백성이 아니더니 이제는 하나님의 백성이요 전에는 긍휼을 얻지 못하였더니 이제는 긍휼을 얻은 자니라

그리스도의 몸으로서의 통일성을 가지고 있어야 합니다

교회는 그리스도의 몸으로서의 통일성을 가지고 있는 하나 된 교회입니다. 웨슬리는 그의 설교 "교회에 대하여(Of the Church)"에서 교회가 '한 하나님', '한 주님', '한 성령', '한 믿음', '한 희망', '한 세례' 안에 있다고 말합니다. 역사적인 목회와 성례와 예전을 통한 연속성에서 교회의 통일성을 견지하려 했습니다.

이와 같은 맥락에서 '한 몸 공동체'인 속회도 언제나 일치와 합력을 추구해야 하며 하나 된 마음으로 신앙생활을 지속해 나가도록 힘써야 합니다.

고린도전서 12:25-27
25.몸 가운데서 분쟁이 없고 오직 여러 지체가 서로 같이 돌보게 하셨느니라 26.만일 한 지체가 고통을 받으면 모든 지체가 함께 고통을 받고 한 지체가 영광을 얻으면 모든 지체가 함께 즐거워하느니라 27.너희는 그리스도의 몸이요 지체의 각 부분이라

성령의 전으로서의 거룩성을 가져야 합니다

웨슬리는 성도들을 부르신 주님이 거룩하기 때문에 교회에 속해 있는 모든 사람들이 정도의 차이는 있을지라도 거룩하다고 말합니다. 교회의 머리 되시는 주님이 거룩하고 성도들은 거룩한 주님을 삶의 주인으로 모셔 거룩한 삶을 살고자 노력하기 때문에 교회는 거룩해질 수 밖에 없습니다.

따라서 속회도 이러한 의미들을 인식하고 거룩한 공동체로서 정결함을 유지할 뿐만 아니라 성도들의 성화를 위한 영적인 훈련의 장(場)이 되도록 힘써야 합니다.

고린도전서 3:16-17
16.너희는 너희가 하나님의 성전인 것과 하나님의 성령이 너희 안에 계시는 것을 알지 못하느냐 17.누구든지 하나님의 성전을 더럽히면 하나님이 그 사람을 멸하시리라 하나님의 성전은 거룩하니 너희도 그러하니라

사명 공동체로서의 사도성을 가져야 합니다

웨슬리는 교회가 사도권을 계승해야 한다고 말합니다. 사도권의 계승이란 '사도적인 증언'과 '사도적 정신'이 교회공동체 안에서 이어지는 것입니다. 교회는 사도들의 말씀과 복음 전파의 사명을 이루어가는 사명공동체로서 존재해야 합니다. 마찬가지로 속회도 함께 모여 말씀을 나누고 삶의 자리에서 복음을 전파하는 사명을 힘써 감당해 나가야 합니다.

마태복음 16:15-18
15.이르시되 너희는 나를 누구라 하느냐 16.시몬 베드로가 대답하여 이르되 주는 그리스도시요 살아 계신 하나님의 아들이시니이다 17.예수께서 대답하여 이르시되 바요나 시몬아 네가 복이 있도다 이를 네게 알게 한 이는 혈육이 아니요 하늘에 계신 내 아버지시니라 18.또 내가 네게 이르노니 너는 베드로라 내가 이 반석 위에 내 교회를 세우리니 음부의 권세가 이기지 못하리라

이처럼 교회가 보편성, 통일성, 거룩성, 사도성의 네 가지 속성을 가져야 하듯이 속회도 네 가지 속성을 반드시 가지고 있어야 합니다. 그래야만 교회를 갱신하는 성결의 누룩이 될 수 있고, 교회 안에 존재하는 작은 교회로서의 분명한 정체성과 가치를 갖게 될 수 있습니다.

교회 안의 작은 교회로서의 사명

구원의 방주로서의 사명을 감당해야 합니다

교회는 영혼구원을 위한 '구원의 방주'입니다. 예수님께서는 승천하시면서 모든 민족을 제자로 삼도록 제자들에게 요청하셨습니다. 그렇기 때문에 교회는 주님께서 말씀하신 모든 것을 가르치고 지키도록 해야 합니다. 속회도 영혼구원의 사명을 감당하고 속회원들을 신실한 믿음의 제자로 삼도록 노력해야 합니다.

마태복음 28:18-20
18.예수께서 나아와 말씀하여 이르시되 하늘과 땅의 모든 권세를 내게 주셨으니 19.그러므로 너희는 가서 모든 민족을 제자로 삼아 아버지와 아들과 성령의 이름으로 세례를 베풀고 20.내가 너희에게 분부한 모든 것을 가르쳐 지키게 하라 볼지어다 내가 세상 끝날까지 너희와 항상 함께 있으리라 하시니라

세상의 등대로서의 사명을 감당해야 합니다

교회는 '세상의 등대'입니다. 소외된 모든 이들에게 사랑의 빛을 비추는 등대와도 같은 곳입니다. 예수님께서는 가장 큰 계명이 무엇인지를 묻는 이들에게 "네 마음을 다하고 목숨을 다하고 뜻을 다하여 주 너의 하나님을 사랑하라"는 것과 "네 이웃을 내 몸과 같이 사랑하라"는 두 가지를 말씀하셨습니다. 때문에 교회는 하나님을 사랑하여 드리는 예배뿐만 아니라 예수님의 마음으로 내 몸을 사랑하듯 이웃을 사랑해야 합니다.

속회는 가까이에 있는 속회원들의 필요를 채우는 것 뿐 아니라 세상의 어려움을 외면하지 않고, 소외된 채 살아가는 이웃들과 사회의 아픔을 살피고 보듬어 안아야 합니다.

> 마태복음 22:36-40
> 36.선생님 율법 중에서 어느 계명이 크니이까 37.예수께서 이르시되 네 마음을 다하고 목숨을 다하고 뜻을 다하여 주 너의 하나님을 사랑하라 하셨으니 38.이것이 크고 첫째 되는 계명이요 39.둘째도 그와 같으니 네 이웃을 네 자신 같이 사랑하라 하셨으니 40.이 두 계명이 온 율법과 선지자의 강령이니라

속회와 전체교회와의 관계

속회가 구원의 방주와 세상의 등대로서의 사명을 감당할 때 기억해야 할 것이 있습니다. 이 모든 것이 전체교회와의 유기적인 관계 속에서 이루어져야 한다는 것입니다. 왜냐하면 교회는 '한 몸 공동체'이기 때문입니다. 그렇다면 이를 위해 속회가 기억해야 할 구체적인 원칙들은 무엇일까요?

합력하여 선을 이루어야 합니다

교회는 모든 일에 합력하여 선을 이루어야 합니다. 이는 공동체성을 의미합니다. 사명을 감당하는 모든 과정에서 교회는 언제나 합력하여 선을 이루어야 합니다. 속회사역도 마찬가지입니다. 속회가 작은 교회로서의 사명을 감당할 때 전체 교회와 유기적인 관계 속에서 속회원들은 합력해야 합니다.

로마서 8:28
우리가 알거니와 하나님을 사랑하는 자 곧 그의 뜻대로 부르심을 입은 자들에게는 모든 것이 합력하여 선을 이루느니라

에베소서 2:22
너희도 성령 안에서 하나님이 거하실 처소가 되기 위하여 그리스도 예수 안에서 함께 지어져 가느니라

교회의 덕을 세워야 합니다

고린도교회는 은사가 풍성했던 교회였습니다. 그러나 영적인 질서를 따르지 않은 채 은사를 사용해 도리어 교회를 혼란에 빠뜨리고 분열을 야기 시키는 결과를 낳았습니다. 교회 사역에서 중요한 것은 은사보다 질서입니다. 바울은 교회사역에 있어 중요한 것이 바로 교회의 덕을 세우는 것이라고 말합니다.
속회에서도 속회원들 자신이 드러나는 사역이 아니라 교회의 덕이 드러나는 사역이 되도록 주의하고 힘써야 합니다.

고린도전서 14:12
그러므로 너희도 영적인 것을 사모하는 자인즉 교회의 덕을 세우기 위하여 그것이 풍성하기를 구하라

합력하여 선을 이루는 것이 사역의 과정 속에서 중요한 것이라면, 교회의 덕을 세우는 것은 사역의 방향과 결과로서 중요한 의미를 가지고 있습니다. 교회 안의 작은 교회로서의 속회는 반드시 전체교회와의 유기적인 관계를 맺고 소통해야 합니다.

나눔

1. 교회 안의 작은 교회로서 우리 속회를 향한 하나님의 기대는 무엇일까요?

_____

_____

_____

_____

2. 교회 안의 작은 교회로서 속회가 가져야 할 사명은 구체적으로 무엇일까요?

구분	구체적인 사명
구원의 방주	■
	■
	■
세상의 등대	■
	■

Chapter 03

속회의 본질적 의미 ②
성화의 도구

생각하기

가장 힘들고 어려운 순간에 제일 먼저 생각나는 사람은 누구이며 그 이유는 무엇입니까?

아기는 어른이 될 때까지 지속적인 부모의 돌봄과 보호의 손길이 필요합니다. 복음을 영접한 성도들도 마찬가지입니다. 그리스도의 완전에 이르는 신앙의 성장을 이루기까지 신앙적인 돌봄과 인도, 세상의 유혹과 위협 속에서 보호해 주는 이들이 필요합니다. 이 역할을 하는 중요한 공동체가 속회입니다.

본 장에서는 속회가 시작되었던 18세기의 상황과 속회의 모습을 중심으로 속회의 본질적인 의미를 살펴보도록 하겠습니다.

웨슬리 당시 18세기 영국의 상황

철저한 타락의 길

18세기 영국은 사회적, 도덕적, 종교적으로 철저한 타락의 길을 걷고 있었습니다. 다음의 글은 총체적인 난국이었던 당시의 상황을 적나라하게 설명하고 있습니다.

18세기 영국은 사회적으로나 도덕적으로 너무나 혼란하고 부패하여 영국 역사상 가장 '어두운 시대'로 알려져 왔다. 예를 들면, 도시마다 술집이 몇 집 건너 하나씩 있었고 어떤 동네는 술집이 한집건너 하나씩 있었다고 하는 말들이 전해진다. '한 푼이면 실컷 마시고 두 푼이면 곤드레만드레, 헛간에서 자는 것은 공짜(Drunk for a pence, dead drunk for two pence, free straw)'라고 쓰여 있었다는 그 당시의 술집 간판들은 18세기 영국 사회상을 풍자하는 상식으로 전해져 왔다.

실제로 술집만 모여 있던 지역은 그보다 훨씬 더했을 것이다. 이와 같이 18세기 영국사회는 온통 음주와 사창과 공창으로, 그리고 도박과 개싸움, 소싸움과 닭싸움과 지저분하고 호색적인 연극장으로 타락한 모습이었다고 묘사되어 왔다.

도시의 연극장은 노골적인 음란행위를 연출하여 젊은이들을 유혹하고 가정을 병들게 하여 국민의 도덕생활을 타락시키는 치명적인 사회악이었다. 폭음은 각계각층의 사람들에게 악습이 되었다. 당시 영국에서는 독주를 마시는 것이 서민들의 고질적인 악습이 되어 심신의 질병을 얻어 죽는 것보다 독주로 인해 죽는 수가 더 많았다고 한다. 그리고 당시 사회를 풍자하는 문학에는 '비틀거리는 귀족', '가련한 은급수령자', '말 더듬는 주교', '얼근한 교구목사', '늦잠 자는 군인' 등과 같은 표현이 자주 나왔다.

또한 당시의 영국사회는 하나의 거대한 도박장이었다는 말까지 전해졌으며 음주, 도박, 타락한 연극장 등의 세 가지가 무서운 전염병처럼 번져서 영국사회를 파멸로 몰고 갔다고 전해진다. 초기웨슬리 전기 작가로 유명한 루크 타이어만(L. Tyerman)이 당시의 사회 풍조에 대하여 인용한 대로 그 당시 영국에서는 주일이 악마의 장날과 같이 되어 버렸다. 한 주간 동안 있었던 것보다 더 많은 추잡한 행동들, 즉 폭음과 강도와 패싸움과 강간과 살인과 폭도들의 공격이 주일에 발생하였다. 이러한 범죄행위로 인해 감옥은 죄수들로 항상 포화상태였으며 심지어 감옥이 증가되었다고 한다.

- 김진두, 「웨슬리와 사랑의 혁명」, 서울: 감리교신학대학교 출판부, 2006, 20-21에서 재인용

암울한 상황 속에서 영국 국교회(The Church of England)는 당시 영국인들에게 치유와 회복, 소망의 메시지를 전해주지 못했습니다. 영국 국교회가 갖고 있는 태생적인 한계 때문입니다. 영국 국교회는 1534년 로마로부터 독립하여 교회를 국가가 설립하고 통치하기 위해 생겨났기 때문에 대다수의 국교회는 정치적인 권력에 예속되어 타협했습니다. 그 결과 일반 서민들의 종교가 아닌 일부 특권층의 교회로 전락해 버렸습니다.

다수의 국교회들은 고교회(High Church) 전통의 권위 있고 엄숙한 예배의식만을 고집했습니다. 때문에 교양 없는 노동자계층의 사람들은 자연스럽게 소외되었습니다. 교회는 영혼구원에 대한 복음의 열정을 상실해 버렸으며 이웃사랑의 본질도 잃어버렸습니다.

회심의 역사로 가득한 영국

그러나 암울한 시대 상황 속에서도 희망의 역사들은 계속 이어지고 있었습니다. 당시 영국 국교회의 전반적인 모습과 달리 존 웨슬리는 '성도들을 어떻게 구원의 길로 이끌 것인가?' 하는 소명을 감당하기 위해 복음전파에 힘을 다했습니다.

웨슬리의 복음전파는 야외설교로부터 시작되었습니다. 웨슬리가 야외설교를 시작하게 된 데에는 절친한 친구였던 조지 휫필드의 요청이 결정적이었습니다. 웨슬리는 올더 스케이트의 복음의 회심체험(1738년 5월 24일)을 한 지 10개월이 지난 1739년 4월 1일, 영국 서남부의 항구이며 무역도시였던 브리스톨(Bristol)에서 첫 번째 야외설교를 시작하게 되었습니다.

웨슬리는 이 날을 시작으로 약 52년간 말을 타고 다니며 순회설교를 통해 매년 약 5,000마일을 여행했고 2년에 한 번씩 영국 본토와 아일랜드 섬 전체를 돌았습니다. 웨슬리는 평생 지구를 일곱 바퀴 반이나 돌 수 있는 길이를 여행하며 총 40,000번 이상을 설교한 열정적인 복음전파자로 살았습니다. 이 선교여정 속에는 회심의 역사들로 인한 기쁨과 감격으로 가득 찼습니다.

믿음의 길을 잃어버린 성도들

일자	명수	비고
4월 2일	3,000	
4월 4일	1,500	
4월 8일	1,500	하남산
4월 10일	1,000	바스(오전)
4월 10일	2,000	(오후)
4월 15일	3,000	하남산
4월 15일	5,000	로즈그린
4월 25일	2,000	밥티스트 밀
4월 29일	4,000	뉴게이트
4월 29일	3,000	하남산
4월 29일	7,000	로즈그린
5월 6일	6,000	밥티스트 밀
5월 6일	3,000	하남산

웨슬리의 일기(1739년4월2일-5월6일)에 기록된 야외설교를 통한 회심사 수

존 웨슬리의 일기를 살펴보면 야외설교를 통한 회심의 역사들이 계속 일어났음을 찾아 볼 수 있습니다. 실제로 야외설교의 초기였던 1739년 4월 2일부터 5월 6일까지의 웨슬리의 일기를 살펴보면 매번 수천 명의 사람들이 회심하였을 뿐만 아니라 야외설교를 시작한 이후 한 달 동안 42,000여명이 복음을 받아들이는 강력한 역사들이 있었음을 발견할 수 있습니다.

그러나 문제는 다음이었습니다. 사람들은 복음을 듣는 순간엔 예수 그리스도를 영접한 기쁨으로 충만했지만, 그 기쁨이 삶의 변화로 이어지진 않았습니다. 오히려 암울한 삶의 문제들로 인하여 믿음의 여정을 중단하곤 했습니다. 이로 인한 웨슬리의 고민은 점점 깊어져 갔습니다.

성화의 도구로서의 감리교 공동체

웨슬리는 성도들의 신앙을 지켜줄 수 있는 성화의 도구를 갈망하게 되었습니다. '어떻게 하면 성도들을 믿음의 길에서 벗어나지 않도록 도울 수 있을까?' 이러한 깊은 고민 속에서 만나게 된 것이 바로 '속회'입니다. 웨슬리는 속회를 중심으로 하여 성도들의 신앙의 수준에 맞는 다양한 조직들을 만들어 성도들의 성화를 돕기 시작했습니다. 대표적인 조직이 속회, 밴드, 선발신도회, 참회자반입니다.

속회(Class Meeting)

속회는 성도들의 성화를 위한 가장 중요한 조직이었습니다. 1명의 속장과 11명의 속회원들로 구성되었습니다. 초기에는 속장이 속회원의 가정들을 방문하는 구조였지만 후에는 한 곳에서 모여 모임을 갖게 되었습니다.

웨슬리의 속회는 어떻게 가입할 수 있었나요?

웨슬리의 속회는 철저했습니다. 웨슬리는 충실한 속회 출석자들에게 3개월마다 회원표(ticket)를 주었는데 이것을 통하여 웨슬리는 3개월마다 회원의 자격을 조사하였고 또 속회원들은 이 출석표를 통하여 충실한 메도디스트임을 확인받았고 3개월마다 열리는 애찬회에 들어갈 수 있는 자격을 얻게 되었습니다.

또한 새 회원에게는 3개월의 수련기간을 충실히 거친 후에 첫번째 표가 주어졌고 회원표는 연합신도회의 세 가지 규칙인 '모든 악을 피하고' '모든 선을 행하고' '모든 은혜의 방편을 실행'하는 회원들에게는 계속 주어졌지만 그렇지 않은 자들에게는 표 발행이 중지되었습니다. 그것은 곧 속회참여금지나 추방을 의미했습니다. 그리고 불가피한 이유 없이 3회 결석하면 속회명부에서 제명되었습니다.

속회제도가 채택된 이후 신도회 내의 모든 불경건한 자들과 악한 행실들이 웨슬리에게 보고되었고 회개치 않을 경우에는 신도회의 명부에서 제명되기도 하였습니다. 그러나 많은 회원들이 속회를 통하여 마음과 생활을 개혁하고 경건하며 선한 사람으로 변화되는 결실을 보게 되었습니다.

웨슬리는 속회를 통해 지속적으로 삶을 점검하면서 잘못한 것이 발견되었을 때에는 어떻게 했나요?

웨슬리는 규칙을 지키지 않을 경우 특단의 조치를 취하기도 하였습니다. 1743년 3월 12일, 뉴캐슬 신도회를 방문했던 웨슬리는 메도디스트 규율이 느슨해진 것을 보고 회원들의 신령상 형편을 조사한 후 64명의 회원을 추방하였다고 일기에 기록하고 있습니다. 그 추방이유는 다음과 같습니다.

2명: 남을 저주하고 헛된 맹세를 하였음   2명: 습관적으로 주일을 지키지 않았음
17명: 술에 취하였음   2명: 술을 팔았음   3명: 이웃과 다투고 소동을 벌였음
1명: 아내를 구타하였음   3명: 습관적으로 의도적인 거짓말을 했음
4명: 남을 욕하고 악한 말을 하였음 1명: 빈둥거리고 게으르게 행동했음
29명: 경박하게 행동하고 불성실한 생활을 하였음

웨슬리의 속회는 어떻게 진행되었을까요? 우선 회원들이 함께 모여 지난 한주간의 삶을 나누며 마음을 털어놓았습니다. 그 다음에 속장이 각 사람의 영혼의 상태에 따라서 충고나 권면, 교정이나 위로의 메시지를 주었습니다. 그리고 성령의 인도하심 따라 간절히 기도하고 또 완전한 성화를 위해 몸부림치는 이들을 위해 중보기도를 했습니다. 이러한 속회의 모임을 통하여 속회원들은 암울한 현실 생활 속에서 믿음을 지키고 성화의 길을 걸어갈 수 있는 힘을 공급받았습니다.

밴드(Band)

　속회는 일반적으로 모든 신도들이 자기의 일주일 동안의 영적 생활을 요약 간증하는 형태였기 때문에 영혼의 심층적 체험과 철저한 고백이 이루어지지는 않았습니다. 그래서 그리스도의 완전(Christian perfection)을 전심으로 추구하는 이들에게는 갈급함이 남아 있었습니다. 웨슬리는 그들을 위해 내면의 철저한 성찰과 죄의 상호고백, 영혼에 대한 상호 엄격한 감독을 통한 신앙고백적인 모임을 조직하였는데 그것이 바로 '밴드'입니다.

　밴드는 깊은 영적 교제를 위해 만들어진 기구이기 때문에 속회보다 적은 5-10명 정도로 구성되었습니다. 또 나이와 성별, 기혼자와 미혼자로 구분하여 상호고백이 용이하도록 하였습니다.

　밴드모임은 다음과 같이 진행되었습니다. 약속된 장소에서 약속된 시간을 엄수하여 찬송과 기도로 시작하고 반장으로부터 시작하여 차례로 지난 모임 이후 자신의 죄와 시험과 유혹 등 영적싸움과 이러한 과정에서에 겪었던 자신의 영적 상태들을 숨김없이 고백하였습니다. 반장은 각 회원들의 고백에 대하여 적절한 위로와 용서, 책망과 권면의 말로 응답을 주었습니다. 그리고 성령이 인도하는 대로 한사람씩 서로를 위해, 특별히 완전 성결을 얻기 위한 중보기도를 뜨겁게 한 후 축복 기도로 모임을 끝맺었습니다. 이러한 밴드모임을 통해서 속회에서 충족되지 않았던 깊은 삶의 나눔과 영적인 교제들이 이루어질 수 있었습니다.

선발신도회(Select Society)

　선발신도회는 밴드보다 더 제한된 모임입니다. 이 모임의 회원들은 밴드 회원 중에서 하나님의 빛과 진실한 믿음 안에서 온전한 순종의 증거를 보이는 사람들이었습니다. 즉 그리스도의 완전에 가장 가까이 도달한 이들의 선별모임이었습니다.

선발신도회의 모임은 매주 월요일에 하였는데 이들은 자신들이 무엇을 해야 할지에 대한 분명한 이해를 가지고 있었기 때문에 별도로 지도자를 세워 인도하도록 하지 않았고 어떤 특별한 규칙을 세워 훈련시키지도 않았습니다. 단지 다음의 세 가지 지침이 있을 뿐이었습니다.

첫째, 이 모임에서 했던 어떤 말도 다시 말하지 말라.
둘째, 모든 회원은 사소한 일에서도 목회자에게 복종해야 한다.
셋째, 모든 회원은 매주 1회 정해진 헌금을 가져 온다.

참회자반(Penitents)

웨슬리는 시간이 지나면서 신도회 안에서 포기하는 낙심자들을 발견하였습니다. 웨슬리는 이들을 대상으로 진정으로 참회하고 다시 주께 돌아오도록 하기 위해 매주일 저녁 따로 신앙 훈련을 시켰습니다. 그곳이 참회자반입니다.

이처럼 웨슬리는 성도들의 성화를 위해 신앙의 수준, 삶의 정황 등 여러 가지를 고려한 다양한 공동체를 만들어 성도들의 성화를 구체적이고 실제적으로 돕도록 하였습니다. 웨슬리의 노력으로 감리교는 비약적인 발전을 하게 되었습니다.

성화의 도구로서의 속회의 사명

성화의 도구로서 속회가 지향해야 하는 것은 무엇일까요? 개인적 성화와 공동체적 성화, 사회적 성화입니다.

개인적 성화

속회는 속회원들 각자가 거룩한 삶으로 실제적인 변화를 이룰 수 있도록 노력해야 합니다. 웨슬리는 개인적인 성화를 위해서 성도들이 기도, 금식, 성경읽기와 같은 '은혜의 방편(the means of grace)'을 통해 훈련해야 한다고 강조하였습니다.

웨슬리가 제시하는 은혜의 방편은 무엇인가요?

웨슬리의 은혜의 방편은 다음의 세 부분으로 나눌 수 있습니다.
첫째, 그리스도인의 생활의 기본이 되는 계명을 지키는 '일반적인 방편'
둘째, 성경에게 명령하고 교회에서 행하는 예배와 기도, 성경연구, 성만찬, 금식과 성도의 교제 등과 같은 '제정적 방편'
셋째, 시대와 문화, 개인에 따라 제정된 방편에 추가되어 지키는 '상황적 방편'
으로 나눌 수 있습니다.
웨슬리는 이러한 은혜의 방편들을 통하여 성도들은 그리스도의 장성한 분량까지 성장해 갈 수 있으며 또 이러한 성장은 삶의 변화, 거룩한 삶으로 이어져야 한다고 말합니다.

오늘날의 속회도 웨슬리가 제시한 은혜의 방편을 활용해 지속적이고 역동적인 영성 훈련이 일어나도록 해야 합니다. 중요한 것은 단순히 은혜의 방편을 지키는 것이 목적이 아니라 이를 통하여 성도들의 성화를 이루어가는 것이 가장 중요한 목적임을 잊어서는 안 됩니다.

공동체적 성화

웨슬리는 개인적 성화와 더불어 성화 훈련의 장(場)인 속회가 온전케 되는 공동체의 성화를 추구하였습니다. 웨슬리가 추구하는 공동체의 성화를 위해 기억해야 할 중요한 개념이 있습니다. 직고(Accountability)입니다. 직고(直告)란 문자 그대로 "있는 그대로 고한다(롬14:12)"는 뜻이지만 실제 속회 안에서 이루어진 직고는 단순한 고백의 단계를 넘어 영적인 책임의식을 가지고 서로를 돌보는 적극적인 의미를 담고 있습니다.

그렇다면 속회 안에서 직고는 어떻게 이루어졌을까요?

속회원들은 직고를 통하여 자신의 죄를 고백하며 잘못을 인정하는 동시에 죄를 짓지 않겠다는 다짐을 했습니다. 속장은 직고를 통해 영적 상태를 고백한 회원에게 하나님의 말씀에 근거한 충고와 권면으로 그들의 신앙과 삶을 바로 세워 나갔습니다.

오늘날의 속회도 직고 속에 담겨져 있는 영적인 책임의식으로 사랑과 신뢰의 토대를 구축해야만 합니다. 그리고 실제적으로 서로의 삶을 나누며 믿음 안에 바로 서도록 붙들어주고, 죄악을 분별하여 성화의 길을 갈 수 있도록 서로 격려해야 합니다.

사회적 성화

예수님께서는 제자들을 세상의 빛과 소금이라고 말씀하셨습니다. 그리고 하나님을 사랑하고 이웃을 사랑하라는 큰 계명을 주셨습니다. 이것은 교회와 성도는 결코 사회와 단절되어선 안 된다는 의미입니다.

교회 안의 작은 교회인 속회도 세상을 변화시키는 빛과 소금으로 존재해야 합니다. 그 사명을 감당하기 위해 속회가 구체적으로 펼쳐가는 사랑의 실천이 바로 사회적 성화입니다.

마태복음 5:13-14
13.너희는 세상의 소금이니 소금이 만일 그 맛을 잃으면 무엇으로 짜게 하리요 후에는 아무 쓸 데 없어 다만 밖에 버려져 사람에게 밟힐 뿐이니라 14.너희는 세상의 빛이라 산 위에 있는 동네가 숨겨지지 못할 것이요

마태복음 22:37-40

37.예수께서 이르시되 네 마음을 다하고 목숨을 다하고 뜻을 다하여 주 너의 하나님을 사랑하라 하셨으니 38.이것이 크고 첫째 되는 계명이요 39.둘째도 그와 같으니 네 이웃을 네 자신 같이 사랑하라 하셨으니 40.이 두 계명이 온 율법과 선지자의 강령이니라

웨슬리는 개인적 성화와 공동체의 성화를 넘어서 사회적 성화를 적극적으로 강조하였습니다. 그의 설교 "성서적 기독교(Scriptural Christianity)"에서 기독교를 '개인 안에 존재하는 기독교', '타인에게 퍼져가는 기독교', '온 세계로 퍼지는 기독교'로 구분했습니다. 기독교가 개인의 영혼구원뿐 아니라 사회 구원으로 나아가야함을 의미하는 것입니다. 웨슬리는 기독교의 사회윤리도 개인윤리가 확장된 것이라고 말하였습니다.

웨슬리는 자신이 먼저 사회적 성화를 실천했습니다. 웨슬리는 헌신적 나눔의 삶을 살았습니다. 그는 최소한의 생활경비를 제외한 모든 물질을 선교와 구제를 위해 사용하였습니다. 그가 죽을 때 남은 재산은 몇 푼의 동전과 은수저뿐이었다는 사실은 유명한 일화입니다. 웨슬리는 실업자에게 일거리를 알선해주고 신용조합을 설립하여 돈을 필요로 하는 자에게 돈을 빌려주며, 과부와 고아와 병자를 돌볼 수 있는 학교와 진료소, 나그네를 위해 '나그네의 친구회(Stranger's Friend Society)'와 '가난한 자를 위한 집(Poor House)'을 설립하는 등의 사회 속에 하나님의 나라를 실현하고자 많은 노력을 기울였습니다.

속회에서도 사회적인 성화를 위한 다양한 활동들이 활발하게 이루어졌습니다. 매주일 1페니를 거두어들여 사회적으로 어려움 속에 빠져 있는 사람들에게 선을 행했을 뿐만 아니라 고아원, 교도소 등 소외된 곳을 찾아 구체적인 사랑을 실천했습니다.

사회적 성화는 속회의 중요한 본질적 사명 중의 하나입니다. 소외된 자들과 절망하는 이들, 고통 받는 이들은 언제나 우리 곁에 있습니다. 쓰러진 이들을 세워주는 거룩한 소명을 이루어가는 곳이 바로 속회입니다.

성화의 도구로서 속회가 기억해야 할 것

속회의 정체성과 가치

현대 속회의 가장 큰 문제는 정체성의 혼란입니다. 속회는 성화의 도구이며 신앙의 성숙을 이루어가는 공동체로서 존재의 이유가 있음에도 많은 경우 속회를 단순한 친교모임으로 오해하거나 새가족들을 관리하는 조직 정도로 평가절하하기도 합니다. 물론 속회의 외형적인 변화나 구체적인 기능들은 시대적인 요청과 필요에 따라 변할 수 있겠지만 성화의 도구로서 존재하는 속회의 정체성만큼은 변질돼서는 안 될 것입니다. 성화의 도구, 성화 훈련의 장인 속회의 존재이유와 가치를 절대 잊지 말아야 합니다.

실제적이고 다양한 눈높이

바울서신에 나오는 고린도교회 안에는 다양한 수준의 성도들이 있었습니다. 고린도전서 3장에 보면 고린도교회에 영적인 원리가 통하는 '신령한 자'와 영적인 어린아이인 '육신에 속한 자'가 있다고 기록합니다. 이들에게는 저마다의 분명한 특징을 가지고 있습니다. 신령한 자는 깊은 영적진리를 이해할 수 있기에 시기나 분쟁을 초월하여 말씀을 따라 살아가지만, 육신에 속한 자는 밥 대신에 젖을 먹을 만큼 영적인 소화력(이해력)이 부족해 말씀대신 사람을 따라 살아 삶 속에 시기와 분쟁이 그치지 않습니다. 그러나 그 어떤 이유로도 부인할 수 없이 분명한 것은 이들 모두가 고린도교회의 성도라는 것입니다.

오늘날의 교회도 신령한 사와 육신에 속한 지가 어우러져 신앙생활을 하고 있습니다. 그렇기 때문에 신령한 자에게는 단단한 음식을 주어 성장하게 하지만, 육신에 속한 자에게는 신앙의 형편에 맞는 젖과 같은 음식을 주어 성장을 도와야 합니다.

히브리서 5:11-14

11.멜기세덱에 관하여는 우리가 할 말이 많으나 너희가 듣는 것이 둔하므로 설명하기 어려우니라 12.때가 오래 되었으므로 너희가 마땅히 선생이 되었을 터인데 너희가 다시 하나님의 말씀의 초보에 대하여 누구에게서 가르침을 받아야 할 처지이니 단단한 음식은 못 먹고 젖이나 먹어야 할 자가 되었도다 13.이는 젖을 먹는 자마다 어린 아이니 의의 말씀을 경험하지 못한 자요 14.단단한 음식은 장성한 자의 것이니 그들은 지각을 사용함으로 연단을 받아 선악을 분별하는 자들이니라

비록 오늘날에는 밴드나 선발신도회, 참회자반은 사라지고 속회만 존재하지만 속장은 속회 안에 다양한 수준의 성도들이 함께 하고 있음을 인지하고 그들의 신앙의 수준과 형편들을 구체적으로 살피도록 노력해야 합니다. 또 한걸음 더 나아가 속회원의 수준과 상황에 맞는 성화의 훈련방법을 안내하고 견책해야 합니다.

나눔

1. 속회로 모이는 가장 중요한 이유는 무엇입니까? 각자의 생각을 나누어 보시기 바랍니다.

   _____

   _____

   _____

   _____

2. 속회에서 성화를 위하여 우리가 어떤 노력들을 해야 할까요? 서로 실천사항을 나눈 후에 아래 표에 적어보시기 바랍니다.

구분	실천사항
개인적 성화	■
	■
	■
공동체 성화	■
	■
	■
사회적 성화	■
	■
	■

Chapter 04
속회의 기능적 의미

생각하기

우리 속회를 통해서 각자가 기대하고 있는 것을 함께 나누시기 바랍니다.

세상은 상상할 수 없을 정도로 빠르고 복잡하게 변화하고 있습니다. 이러한 변화는 경제, 과학, 교육, 정치, 군사, 가정생활의 모든 영역에서 광범위하게 이루어지고 있습니다.

실제로 전통 사회는 대가족 중심이었지만 지금은 핵가족 중심으로 변하게 되었고, 잦은 주거지 변동과 사생활 보호라는 시대적 흐름에 발맞추어 이웃사촌이라는 말이 무색할 정도로 이웃 간에 단절된 삶을 살아가고 있습니다. 평생직장이라는 개념도 오래 전에 사라져 버렸습니다. 이런 사회의 급격한 변화와 도전 앞에서 속회가 가져야 할 기능적인 모습들은 무엇일까요?

속회는 가정입니다

'가정'은 사회생활에 지친 사람들이 마음 편히 쉴 수 있는 공간입니다. 나의 속마음을 털어 놓고 위로 받을 수 있는 곳입니다. 속회는 가정과도 같은 곳이 되어야 합니다. 지치고 힘들 때에 가족처럼 신뢰할 수 있는 사람에게 마음을 털어 놓고 위로와 격려를 나눌 수 있는 곳이어야 합니다.

구원의 확신을 가진 공동체입니다

세상의 가족은 결혼과 혈연, 입양을 통해서 형성됩니다. 반면 영적인 가족은 '예수님의 이름을 믿고 영접' 함을 통해서 형성됩니다. 그렇기 때문에 영적인 가정으로서의 속회는 구원의 확신을 가진 사람들의 모임이 되어야 합니다. 속회 안에서는 "예수님에 대한 분명한 믿음과 구원의 확신이 있는가?"에 대한 지속적인 점검이 필요합니다. 구원의 확신은 하나님 자녀의 정체성과 관련된 매우 중요한 것입니다.

요한복음 1:12
영접하는 자 곧 그 이름을 믿는 자들에게는 하나님의 자녀가 되는 권세를 주셨으니

하나님의 뜻대로 살아가는 공동체입니다

가정마다 가풍(家風)이 있습니다. 가풍은 선조들로부터 내려온 '삶의 방식'입니다. 후손들은 가풍을 지키며 살아가려고 노력합니다. 마찬가지로 영적인 가정에도 영적인 가풍이 있습니다. 바로 '하나님의 뜻'입니다. 예수님께서 제자들에게

"누구든지 하늘에 계신 내 아버지의 뜻대로 하는 자가 내 형제요 자매요 어머니"라고 말씀하셨습니다. 하나님의 자녀들은 누구입니까? 하나님의 자녀는 예수 그리스도를 구주로 영접하고, 하나님의 뜻대로 살아가는 사람입니다.

마태복음 12:50
누구든지 하늘에 계신 내 아버지의 뜻대로 하는 자가 내 형제요 자매요 어머니이니라 하시더라

그렇다면 영적인 가족 공동체인 속회의 방향과 원칙인 하나님의 뜻은 구체적으로 무엇일까요?

영혼구원

하나님의 뜻은 영혼구원에 있습니다. 예수님은 하나님의 뜻이 '내게 주신 자'를 하나도 잃어버리지 않고 마지막 날에 다시 살리는 것이라고 말씀하셨습니다. 하나님께서 내게 주신 자는 우리 곁의 이웃과 친구들, 그리고 낙심자 등 모든 사람들을 포함하는 말입니다. 영적인 가정인 속회는 영혼구원을 힘써 감당해야 합니다.

이 말씀을 속회 사역에 대입해 본다면 다음과 같이 정리할 수 있습니다. 속회 공동체를 향한 하나님의 뜻은 첫째로 세상의 유혹과 위협 앞에서 사는 성도들이 믿음의 길을 떠나지 않도록 돌보는 일이고, 둘째로 교회공동체를 떠나 믿음을 부인하는 이들까지도 포기하지 않고 다시 살리는 것입니다.

요한복음 6:39-40
39.나를 보내신 이의 뜻은 내게 주신 자 중에 내가 하나도 잃어버리지 아니하고 마지막 날에 다시 살리는 이것이니라 40.내 아버지의 뜻은 아들을 보고 믿는 자마다 영생을 얻는 이것이니 마지막 날에 내가 이를 다시 살리리라 하시니라

거룩한 삶

하나님의 뜻은 '거룩함'입니다. 구별된 삶입니다. 거룩한 삶이란 하나님이 언제나 우리 곁에 계심을 인식하면서 하나님 앞에 부끄럽지 않은 모습으로, 세상 사람과는 구별된 삶입니다. 하나님은 자녀된 우리가 체질화된 삶의 방식으로 거룩함을 택하길 기대하십니다.

데살로니가전서 4:3-6

3.하나님의 뜻은 이것이니 너희의 거룩함이라 곧 음란을 버리고 4.각각 거룩함과 존귀함으로 자기의 아내 대할 줄을 알고 5.하나님을 모르는 이방인과 같이 색욕을 따르지 말고 6.이 일에 분수를 넘어서 형제를 해하지 말라 이는 우리가 너희에게 미리 말하고 증언한 것과 같이 이 모든 일에 주께서 신원하여 주심이라

환경을 이기는 믿음의 삶

하나님의 뜻은 성도들이 환경을 이기며 사는 것입니다. '순간순간' 세상의 환경에 따라 흔들리는 삶이 아니라 변화하는 세상의 환경을 이기며 '한결같이' 하나님이 주시는 평강 가운데 믿음을 지키며 살고 있어야 합니다. 우리는 세상 속에서 하나님의 뜻대로 '항상', '쉬지 말고', '범사'에 살아가고 있는지를 점검해야 합니다.

데살로니가전서 5:16-18

16.항상 기뻐하라 17.쉬지 말고 기도하라 18.범사에 감사하라 이것이 그리스도 예수 안에서 너희를 향하신 하나님의 뜻이니라

"무슨 일에든지 기뻐하십시오. 항상 기도하십시오. 무슨 일에든지 하나님께 감사하십시오. 이것이야말로 하나님께서 그리스도 예수 안에 있는 여러분에게 바라시는 생활방식입니다." - 유진 피터슨의 메시지 성경의 번역

실제적인 돌봄이 있는 공동체입니다

가정으로서의 속회는 실제적인 돌봄이 있어야 합니다. 이것을 '코이노니아'라고 말합니다. 코이노니아는 단순한 만남을 넘어서 삶을 나누는 것이며 더 나아가 서로의 삶에 '참여'하는 것을 의미합니다. 서로를 격려하고 권면하여 붙들어 세워주는 것입니다. 속회에는 이러한 실제적인 돌봄이 필수적입니다.

직고를 통하여 영적인 부분을 돌보아야 합니다.

실제적인 교제를 위해서 웨슬리의 속회에서 활용되었던 것이 '직고'입니다. 직고는 좁은 의미로는 '스스로 털어 놓음'이고 넓은 의미로는 '영적 책임'입니다. 자신의 삶을 공동체 앞에서 고백하는 것이 '스스로 털어 놓음'이라면 '영적 책임'은 고백을 함께 들은 속회원들이 격려와 권면을 통해서 서로 세워주는 책임을 다하는 의미입니다. 직고를 통하여 속회는 서로의 영적인 부분들을 돌보게 됩니다.

> 로마서 14:12
> 이러므로 우리 각 사람이 자기 일을 하나님께 직고하리라

상호 돌봄을 통하여 서로를 지탱해 주어야 합니다.

영적인 가족들은 서로 돌아보아야 합니다. 속회의 교제는 일방적인 관계가 아닙니다. 상호관심을 가지고 서로 돌아보아 속회원의 삶 속에서 펼쳐지는 사랑과 선행을 격려하며 응원해주어야 합니다. 이러한 일이 가능하기 위해서는 속회모임이 우선순위에 있어야만 합니다. 그리고 삶의 구체적인 필요를 채워줄 수 있는 희생과 섬김의 모습도 함께 있어야 합니다.

> 히브리서 10:24-25
> 24.서로 돌아보아 사랑과 선행을 격려하며 25.모이기를 폐하는 어떤 사람들의 습관과 같이 하지 말고 오직 권하여 그 날이 가까움을 볼수록 더욱 그리하자

실제적인 돌봄의 유익을 기억해야 합니다.

　실제적인 돌봄에는 분명한 유익이 있습니다. 그것을 기억하고 있어야 돌봄을 지속할 수 있습니다. 빌레몬서 1장은 네 가지의 유익을 이야기 합니다. 첫째, 우리 가운데 있는 선을 알게 하여 절망에 머물렀던 시선을 희망으로 돌리게 합니다. 둘째, 성도들이 세상의 유혹과 위협 앞에서 파선하지 않고 그리스도께 이르도록 역사합니다. 셋째, 마음의 평안함을 누리게 합니다. 넷째, 회복을 통한 기쁨과 위로를 받게 됩니다. 속회는 이런 실제적인 돌봄을 통해 성화의 완성을 이룰 수 있다는 사실을 늘 기억하고 있어야 합니다.

　빌레몬서 1:5-7
　5.주 예수와 및 모든 성도에 대한 네 사랑과 믿음이 있음을 들음이니 6.이로써 네 믿음의 교제가 우리 가운데 있는 선을 알게 하고 그리스도께 이르도록 역사하느니라 7.형제여 성도들의 마음이 너로 말미암아 평안함을 얻었으니 내가 너의 사랑으로 많은 기쁨과 위로를 받았노라

속회는 학교입니다

　인간은 학교에서 많은 것을 배웁니다. 선생님을 통해서 다양한 지식을 배우고, 학생들과의 관계 속에서 많은 경험을 하게 됩니다. 학교는 인지적인 지식의 습득의 장이며 모델링 교육의 장이 됩니다.

　신앙생활에서 학교와 같은 기능을 하는 곳이 속회입니다. 속회의 학습교재는 말씀이며, 말씀을 삶에서 실천하며 자연스럽게 체험학습이 이루어지게 됩니다. 뿐만 아니라 다양한 성향과 수준의 사람들이 함께 어우러지기 때문에 자연스럽게 모델링교육도 이루어집니다.

부르심에 합당한 삶을 배우는 공동체입니다

에베소서 4:1-3
1.그러므로 주 안에서 갇힌 내가 너희를 권하노니 너희가 부르심을 받은 일에 합당하게 행하여 2.모든 겸손과 온유로 하고 오래 참음으로 사랑 가운데서 서로 용납하고 3.평안의 매는 줄로 성령이 하나 되게 하신 것을 힘써 지키라

우리는 부르심을 받은 성도들입니다. 이러한 하나님의 부르심은 세 단계로 나눌 수 있습니다.

첫 번째는 세상으로부터의 '부르심'으로 하나님께서 세상 속에서 살아가고 있는 우리들을 불러 가까이 오게끔 하시는 단계입니다. 두 번째는 '하나님과 동행'으로 하나님의 부르심에 응답하여 나아온 우리들을 변화시키시고 회복시키시는 단계입니다. 이때 하나님과 함께 하며 하나님의 마음과 뜻을 깨닫게 됩니다. 세 번째는 세상으로의 '보내심'으로 하나님의 마음을 품게 된 이들을 다시 세상 속으로 보내 하나님을 뜻을 펼쳐가게 하시는 단계입니다.

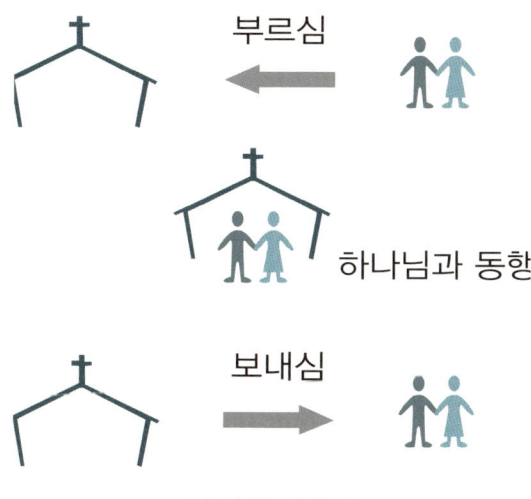

부르심의 세 단계

우리를 부르신 하나님께서는 우리가 그 부르심에 합당한 삶을 살기를 기대하십니다. 부르심에 합당한 삶이 무엇인지를 체험적으로 배울 수 있는 곳이 속회입니다. 속회에서는 자신의 실체를 보게 될 뿐만 아니라 부르심의 합당한 삶을 구체적으로 배우고 실천하게 되기 때문입니다.

에베소서 4:1
그러므로 주 안에서 갇힌 내가 너희를 권하노니 너희가 부르심을 받은 일에 합당하게 행하여그리스도의 법을 배우는 공동체입니다

그리스도의 법을 배우는 공동체입니다

갈라디아서 6:1-5
1.형제들아 사람이 만일 무슨 범죄한 일이 드러나거든 신령한 너희는 온유한 심령으로 그러한 자를 바로잡고 너 자신을 살펴보아 너도 시험을 받을까 두려워하라 2.너희가 짐을 서로 지라 그리하여 그리스도의 법을 성취하라 3.만일 누가 아무 것도 되지 못하고 된 줄로 생각하면 스스로 속임이라 4.각각 자기의 일을 살피라 그리하면 자랑할 것이 자기에게는 있어도 남에게는 있지 아니하리니 5.각각 자기의 짐을 질 것이라

부르심에 합당한 삶이 무엇인지를 배운 성도들은 이제 그리스도의 법을 성취하며 살아야 합니다. 법은 반드시 지켜야 하는 것처럼 그리스도의 법은 성도들의 삶 속에서 반드시 지켜져야 합니다. 그렇다면 성도들의 삶 속에서 반드시 지켜져야 하는 그리스도의 법은 무엇일까요?
그리스도의 법은 '서로 사랑'입니다. 예수님이 제자들을 사랑해 주신 것처럼 우리도 서로 사랑해야 합니다. 성경은 그리스도의 법을 성취하기 위해서 내적으로는 자신을 돌아보고 온유한 심령을 가져야 하며, 외적으로는 각자의 짐을 지고 또 서로의 짐을 져야 한다고 말합니다.

요한복음 13:34
새 계명을 너희에게 주노니 서로 사랑하라 내가 너희를 사랑한 것 같이 너희도 서로 사랑하라

빌립보서 2:4
각각 자기 일을 돌볼뿐더러 또한 각각 다른 사람들의 일을 돌보아 나의 기쁨을 충만하게 하라

로마서 15:1
믿음이 강한 우리는 마땅히 믿음이 약한 자의 약점을 담당하고 자기를 기쁘게 하지 아니할 것이라

실천을 통해 온전한 신앙을 배우는 공동체입니다

야고보서 1:22-25(새번역)
22.말씀을 행하는 사람이 되십시오. 그저 듣기만 하여 자신을 속이는 사람이 되지 마십시오. 23.말씀을 듣고도 행하지 않는 사람은 있는 그대로의 자기 얼굴을 거울 속으로 들여다보기만 하는 사람과 같습니다. 24.이런 사람은 자기의 모습을 보고 떠나가서 그것이 어떠한지를 곧 잊어버리는 사람입니다. 25.그러나 완전한 율법 곧 자유를 주는 율법을 잘 살피고 끊임없이 그대로 사는 사람은, 율법을 듣고서 잊어버리는 사람이 아니라, 그것을 실행하는 사람인 것입니다. 이런 사람은 그가 행한 일에 복을 받을 것입니다.

시편 1편은 '복 있는 사람'이라면 악인들의 꾀, 죄인들의 길, 오만한 자의 자리를 피하라고 말합니다. 대신에 하나님의 말씀을 묵상하며 말씀대로 살아가야 한다고 말합니다. 즉 복 있는 사람이란 피할 것과 따라야 할 것에 대한 영적인 분별력을 가진 사람입니다. 말씀을 기준으로 삶의 원칙과 방향을 정하는 사람입니다.

그러나 삶의 원칙과 방향을 깨닫고 정하는 것만으로는 부족합니다. 반드시 실천해야 합니다. 믿음의 완성을 위해서 실천은 필수입니다. 성도들은 속회를 통해서 하나님의 뜻, 그리스도의 법을 실천할 수 있습니다. 기도에 대해서 배우고 기도의 삶을 살아가고, 말씀을 배우고 말씀으로 삶을 살아가고, 사랑에 대해서 배우고 사랑으로 살아가는 삶이 시작되는 곳이 바로 속회입니다.

야고보서 2:22
네가 보거니와 믿음이 그의 행함과 함께 일하고 행함으로 믿음이 온전하게 되었느니라

속회는 병원입니다

많은 사람들이 저마다의 질병을 가지고 있습니다. 또 다양한 인간관계 속에서 빚어지는 수많은 상처와 아픔들을 가지고 살아가고 있습니다. 속회는 아픔과 상처들을 함께 나눌 수 있는 곳이며, 삶의 문제와 고통을 이길 수 있도록 함께 기도하는 곳이고, 이러한 과정에서 문제가 해결되고 질병이 치유되는 곳입니다.

치유와 회복이 일어나는 공동체입니다

야고보서 5:14-16
14.너희 중에 병든 자가 있느냐 그는 교회의 장로들을 청할 것이요 그들은 주의 이름으로 기름을 바르며 그를 위하여 기도할지니라 15.믿음의 기도는 병든 자를 구원하리니 주께서 그를 일으키시리라 혹시 죄를 범하였을지라도 사하심을 받으리라 16.그러므로 너희 죄를 서로 고백하며 병이 낫기를 위하여 서로 기도하라 의인의 간구는 역사하는 힘이 큼이니라

속회는 서로의 질병과 문제의 해결을 위해서 함께 기도해야 합니다. 대신 기억해야 할 것이 있습니다. 첫째는 믿음의 기도가 병든 자를 구원할 것이라는 분명한 믿음입니다. 둘째는 죄를 서로 고백해야 합니다. 질병과 문제의 원인이 죄에 있다고 단정 짓는 것은 비약일수 있지만 죄로 인한 질병과 문제들이 있음을 부정해서는 안 됩니다. 셋째는 병이 낫기 위해 서로 기도해야 합니다.

무엇보다 중요한 것은 병원에 반드시 의사가 있듯이 속회에는 '예수님'이 함께 해야 한다는 사실입니다. 예수님이 함께 하는 속회를 통해서 질병의 치유와 회복을 경험할 수 있을 것입니다.

마태복음 18:20
두세 사람이 내 이름으로 모인 곳에는 나도 그들 중에 있느니라

이사야 53:5
그가 찔림은 우리의 허물 때문이요 그가 상함은 우리의 죄악 때문이라 그가 징계를 받으므로 우리는 평화를 누리고 그가 채찍에 맞으므로 우리는 나음을 받았도다

누가복음 4:16-19
16.예수께서 그 자라나신 곳 나사렛에 이르사 안식일에 늘 하시던 대로 회당에 들어가사 성경을 읽으려고 서시매 17.선지자 이사야의 글을 드리거늘 책을 펴서 이렇게 기록된 데를 찾으시니 곧 18.주의 성령이 내게 임하셨으니 이는 가난한 자에게 복음을 전하게 하시려고 내게 기름을 부으시고 나를 보내사 포로 된 자에게 자유를, 눈 먼 자에게 다시 보게 함을 전파하며 눌린 자를 자유롭게 하고 19.주의 은혜의 해를 전파하게 하려 하심이라 하였더라

문제가 해결되는 공동체입니다

사도행전 12:1-12

1.그 때에 헤롯 왕이 손을 들어 교회 중에서 몇 사람을 해하려 하여 2.요한의 형제 야고보를 칼로 죽이니 3.유대인들이 이 일을 기뻐하는 것을 보고 베드로도 잡으려 할새 때는 무교절 기간이라 4.잡으매 옥에 가두어 군인 넷씩인 네 패에게 맡겨 지키고 유월절 후에 백성 앞에 끌어내고자 하더라 5.이에 베드로는 옥에 갇혔고 교회는 그를 위하여 간절히 하나님께 기도하더라 6.헤롯이 잡아 내려고 하는 그 전날 밤에 베드로가 두 군인 틈에서 두 쇠사슬에 매여 누워 자는데 파수꾼들이 문 밖에서 옥을 지키더니 7.홀연히 주의 사자가 나타나매 옥중에 광채가 빛나며 또 베드로의 옆구리를 쳐 깨워 이르되 급히 일어나라 하니 쇠사슬이 그 손에서 벗어지더라 8.천사가 이르되 띠를 띠고 신을 신으라 하거늘 베드로가 그대로 하니 천사가 또 이르되 겉옷을 입고 따라오라 한 대 9.베드로가 나와서 따라갈새 천사가 하는 것이 생시인 줄 알지 못하고 환상을 보는가 하니라 10.이에 첫째와 둘째 파수를 지나 시내로 통한 쇠문에 이르니 문이 저절로 열리는지라 나와서 한 거리를 지나매 천사가 곧 떠나더라 11.이에 베드로가 정신이 들어 이르되 내가 이제야 참으로 주께서 그의 천사를 보내어 나를 헤롯의 손과 유대 백성의 모든 기대에서 벗어나게 하신 줄 알겠노라 하여 12.깨닫고 마가라 하는 요한의 어머니 마리아의 집에 가니 여러 사람이 거기에 모여 기도하고 있더라

초대교회가 직면했던 위기는 지도자의 순교였습니다. 초대교회의 지도자였던 야고보는 헤롯왕에 의해서 죽임을 당하였고, 베드로마저 유월절이 지나면 백성 앞에서 순교하게 될 위기에 빠졌습니다. 초대교회 성도들은 마가라 하는 요한 어머니 마리아의 집에 모여 베드로를 위해서 하나님께 간절히 기도했습니다. 그리고 함께 모여 기도할 때에 감옥 문이 열려 베드로가 살아나는 기적이 일어났습니다.

속회는 문제가 해결된 기쁨이 가득한 모임입니다. 한 집에 함께 모여 서로를 위해 합심하여 중보기도 할 때 철옹성처럼 버티고 서있는 삶의 문제들은 무너지게 됩니다. 기도는 '믿음의 선택과 결단'입니다. 세상의 방법 대신에 함께 모여 기도하는 영적인 방법을 선택하여 결단한 것입니다. 믿음으로 합심하여 기도할 때 함께 하시는 예수님의 능력으로 문제가 해결됩니다.

영혼구원의 기쁨이 넘치는 공동체입니다

사도행전 2:44-47
44.믿는 사람이 다 함께 있어 모든 물건을 서로 통용하고 45.또 재산과 소유를 팔아 각 사람의 필요를 따라 나눠 주며 46.날마다 마음을 같이하여 성전에 모이기를 힘쓰고 집에서 떡을 떼며 기쁨과 순전한 마음으로 음식을 먹고 47.하나님을 찬미하며 또 온 백성에게 칭송을 받으니 주께서 구원 받는 사람을 날마다 더하게 하시니라

영혼구원의 기쁨은 속회 모임의 결과로 주어집니다. 사도행전 2장에서 기록하고 있는 초대교회의 공동체는 위기의 순간에도 서로를 돌보며 필요를 채웠습니다. 날마다 성전과 집에서 모이기를 힘썼으며, 하나님을 찬미하고 백성들에게 칭송을 받는 삶을 살았습니다. 그 결과 주어진 것이 구원받는 사람을 날마다 더하게 하신 것입니다.

웨슬리의 속회를 통하여 영국사회가 새롭게 되었던 것처럼 속회를 통해서 영혼을 구원할 수 있다는 기대감으로 모임을 가져야 합니다. 또 영혼의 구원뿐 아니라 속회를 통해서 진리에서 떠난 자들이 돌아오는 기쁨도 누려야 합니다. 그래서 속회는 세상의 미혹으로 인해 하나님을 떠났던 이들이 돌아오도록 노력하는 동시에 다시 돌아왔을 때 맞아 줄 수 있는 아버지의 마음을 간직해야 합니다.

야고보서 5:19-20
19.내 형제들아 너희 중에 미혹되어 진리를 떠난 자를 누가 돌아서게 하면 20.너희가 알 것은 죄인을 미혹된 길에서 돌아서게 하는 자가 그의 영혼을 사망에서 구원할 것이며 허다한 죄를 덮을 것임이라

누가복음 15:20, 24
20.이에 일어나서 아버지께로 돌아가니라 아직도 거리가 먼데 아버지가 그를 보고 측은히 여겨 달려가 목을 안고 입을 맞추니
24.이 내 아들은 죽었다가 다시 살아났으며 내가 잃었다가 다시 얻었노라 하니 그들이 즐거워하더라

나눔

1. 속회에서 가정에서처럼 돌봄을 받았거나 다른 이들을 돌보았던 경험들을 나누어 보시기 바랍니다.

2. 속회에서 신앙생활의 성장을 배운 부분들을 함께 나누어 보시고 기억에 남는 분들을 이야기 해 봅시다.

3. 속회에서 상한 마음을 위로받고 회복을 경험한 것을 함께 나누어 보시기 바랍니다.

Chapter 05
속회의 사명

생각하기

한 가정의 부모로서 꼭 감당해야 하는 사명은 무엇이 있나요?

_____
_____
_____
_____

　사명의 사전적인 정의는 두 가지입니다. 하나는 '맡겨진 임무'이며 다른 하나는 '사신이나 사절에게 주어지는 명령'입니다. 이런 맥락에서 속회의 사명은 맡겨진 임무 자체를 의미하는 동시에 구체적인 상황 속에서 해야 하는 책임을 의미합니다. 속회의 구체적인 사명에 대해서 살펴보겠습니다.

사명과 시대의 밀접한 관계

사명은 상황과 밀접한 관계를 가지고 있습니다. 하나님은 시대적인 상황에 따라 사명자를 불러 역사를 펼쳐가셨습니다. 사명을 이해하기 위해서는 시대적 상황을 면밀히 살펴보아야 합니다. 몇 가지 예를 살펴보도록 합니다.

모세의 시대적 상황과 사명

출애굽기 3장에는 모세의 사명과 시대적 상황이 자세하게 기록되어 있습니다. 모세의 시대적인 상황을 한마디로 표현한다면 '학대받은 이스라엘'이었습니다. 당시 이스라엘 사람들은 애굽의 학대로 인하여 고통스러워했고 하나님은 모든 상황을 지켜보고 계셨습니다. 이러한 상황에서 하나님은 모세를 부르셨고 학대받고 있는 하나님의 백성 이스라엘을 애굽에서 인도하여 내도록 사명을 주셨습니다.

출애굽기 3:9-10
9.이제 가라 이스라엘 자손의 부르짖음이 내게 달하고 애굽 사람이 그들을 괴롭히는 학대도 내가 보았으니 10.이제 내가 너를 바로에게 보내어 너에게 내 백성 이스라엘 자손을 애굽에서 인도하여 내게 하리라

예수님의 시대적 상황과 사명

예수님께서 직면했던 시대적인 상황과 사명은 두 가지입니다. 첫 번째 시대 상황은 '죄악 가운데 빠진 하나님의 백성'이었습니다. 거룩한 삶을 살아가야 하는 하나님의 백성들이 오히려 죄악 가운데 빠져 있었습니다. 그래서 예수님께서는 '그가 자기 백성을 그들의 죄에서 구원할 자(마1:21)'로서 이 땅에 오신 것입니다.

두 번째 시대 상황은 '하나님 나라의 도래'였습니다. 마태복음 4장에는 예수님의 복음의 메시지가 기록되어 있는데 메시지의 핵심은 하나님의 나라의 도래입니다. 예수님은 다가오는 하나님의 나라를 맞이하기 위해 하나님을 백성들을 회개시키고 돌이켜야만 했습니다.

예수님의 십자가 구원사역은 죄악 가운데 빠진 하나님의 백성과 하나님 나라의 도래라는 시대적 상황 속에서 이루어진 것입니다.

마태복음 1:20-23
20.이 일을 생각할 때에 주의 사자가 현몽하여 이르되 다윗의 자손 요셉아 네 아내 마리아 데려오기를 무서워하지 말라 그에게 잉태된 자는 성령으로 된 것이라 21.아들을 낳으리니 이름을 예수라 하라 이는 그가 자기 백성을 그들의 죄에서 구원할 자이심이라 하니라 22.이 모든 일이 된 것은 주께서 선지자로 하신 말씀을 이루려 하심이니 이르시되 23.보라 처녀가 잉태하여 아들을 낳을 것이요 그의 이름은 임마누엘이라 하리라 하셨으니 이를 번역한즉 하나님이 우리와 함께 계시다 함이라

마태복음 4:17
이 때부터 예수께서 비로소 전파하여 이르시되 회개하라 천국이 가까이 왔느니라 하시더라

마틴 루터의 시대적 상황과 사명

Martin Luther
(1483-1546)

루터의 시대는 부패의 시대였습니다. 중세 후기의 교회는 세속 권력과의 야합과 탐욕으로 크게 세속화 되었습니다. 성직자들 또한 영적 도덕적 부패 속에서 살아갔습니다. 이로 인해 그릇된 신학과 교리적인 탈선, 불의한 제도 등 교회는 타락의 길을 걷고 있었습니다. 이러한 상황에서 하나님께서는 마틴 루터를 부르시고 새로운 전환을 위한 종교개혁의 사명을 주셨습니다.

존 웨슬리의 시대적 상황과 사명

John Wesley
(1703-1791)

웨슬리는 급변하는 시대의 흐름 속에 있었습니다. 산업혁명을 통하여 근대 경제사회로 급격한 전환을 맞았지만 동시에 사회적인 불평등과 계층의 양극화 등이 생겼습니다. 많은 사람들은 고통 속에서 참담한 삶을 살아갔습니다. 사람들의 위로가 되어야 할 영국 국교회역시 힘을 쓰지 못했습니다.

하나님께서는 이러한 시대에 존 웨슬리를 부르셔서 영국 사회를 변화시키고 영혼구원의 사명을 감당하게 하였습니다.

하나님께서는 역사의 중요한 길목마다 사명자들을 불러 사명을 감당하게 하셨습니다. 그들을 통하여 역사의 물줄기를 하나님의 뜻대로 바꾸어 가셨습니다. 이러한 실례는 너무 많아 성경 속이나 우리의 역사 속에서 일일이 열거하기 어려울 정도입니다.

속회의 사명도 연장선상에서 이해할 수 있습니다. 하루가 다르게 세상은 급변하고 있습니다. 이런 시대 속에서 속회는 '교회 안의 작은 교회'로서, '성화의 도구'로서 본질적인 사명을 어떻게 효과적으로 감당할 수 있을까요? 우리는 변화하는 시대의 상황을 면밀하게 살펴보아야 하는 동시에 시대를 향한 하나님의 뜻이 무엇인지 깊은 관심을 가져야 합니다.

성경 속의 모범적인 속회

성경에서 소개하는 가장 모범적인 소그룹은 사도행전 2장에 기록된 초대교회입니다. 초대교회는 하루에 수 천 명씩 복음을 영접할 정도로 영혼구원의 감격이 넘치는 시대였습니다.

사도행전 2:41
그 말을 받은 사람들은 세례를 받으매 이 날에 신도의 수가 삼천이나 더하더라

우리는 성경이 영혼구원의 감격과 영적 성장의 모판이 되는 모범적인 소그룹 공동체를 구체적으로 소개하고 있는 것에 관심을 두어야 합니다(행2:41-47). 초대교회의 모범적인 소그룹의 모습을 통해서 속회가 지향해야 하는 구체적인 사명을 살펴보도록 하겠습니다.

초대교회 소그룹은 영적인 공동체였습니다

사도행전 2:42(개역개정)
그들이 사도의 가르침을 받아 서로 교제하고 떡을 떼며 오로지 기도하기를 힘쓰니라

사도행전 2:42(새번역)
그들은 사도들의 가르침에 몰두하며, 서로 사귀는 일과 빵을 떼는 일과 기도에 힘썼다

초대교회의 소그룹은 영적인 공동체였습니다. 그들의 모임의 토대는 영적인 것에 있었습니다. 그들은 사도들의 가르침에 집중했고, 새롭게 복음을 영접한 이들과 성도의 교제를 나누었으며, 기쁨의 식탁과 기도하는 일에 힘을 쏟았습니다.

속회는 바로 이런 영적인 공동체이어야 합니다. 세상의 모임은 자신의 즐거움과 특별한 목적을 이루기 위한 곳이라면 속회는 믿음의 사람들이 모여 말씀과 기도, 성도의 교제들을 나누는 영적인 모임이어야 합니다.

초대교회 소그룹은 치유와 회복의 공동체였습니다

사도행전 2:43
사람마다 두려워하는데 사도들로 말미암아 기사와 표적이 많이 나타나니

초대교회에 말씀과 기도, 성도의 교제가 가득차자 하나님의 능력이 임했습니다. 사도들을 통하여 놀라운 일들과 표징들이 많이 일어났습니다. 그 결과 치유와 회복의 기쁨이 가득했습니다. 모임 가운데 하나님의 능력이 임함으로 기사와 표적이 일어나는 치유와 회복의 공동체가 된 것입니다.

속회도 치유와 회복의 공동체를 이루어야 합니다. 기도제목을 서로 내어 놓고 함께 기도함으로 치유와 회복의 기적을 경험하고, 이러한 일들을 간증하며 하나님께 영광을 돌려야 합니다.

초대교회 소그룹은 상호돌봄의 공동체였습니다

사도행전 2:44-47a
44.믿는 사람이 다 함께 있어 모든 물건을 서로 통용하고 45.또 재산과 소유를 팔아 각 사람의 필요를 따라 나눠 주며 46.날마다 마음을 같이하여 성전에 모이기를 힘쓰고 집에서 떡을 떼며 기쁨과 순전한 마음으로 음식을 먹고 47.하나님을 찬미하며 또 온 백성에게 칭송을 받으니 주께서 구원 받는 사람을 날마다 더하게 하시니라

초대교회의 소그룹 모임은 자신만을 위해 살아간 것이 아니라 서로를 돌아보며 붙들어주고 세워주는 공동체였습니다. 영적인 필요뿐만 아니라 삶의 구체적인 필요를 채워주는 섬김이 있었습니다.

그렇다면 초대교회 공동체는 어떻게 상호돌봄을 이루었을까요?

서로에게 믿음의 동반자가 되었습니다.

사람들과의 관계는 상황에 따라 달라집니다. 자신에게 이익이 된다고 여길 때에는 모든 것을 내어줄 정도로 사랑하는 것 같이 행동하지만 반대의 경우가 되면 낯선 사람처럼 대하곤 합니다. 그러나 초대교회 성도들은 달랐습니다. '다 함께 있어'라는 말처럼 믿음의 사람들이 박해로 죽게 되는 상황 속에서도 성도들은 다 함께 있어 주었습니다.

사랑의 마음으로 삶의 필요를 채웠습니다.

초대교회 성도들에게는 각 사람을 필요를 살피는 마음, 즉 사랑의 마음이 있었습니다. 사랑이 있었기 때문에 그들은 자신의 물건을 내어 놓아 서로 통용하게 하였고, 더 나아가 재산과 소유를 팔아 필요에 따라 나누어주기까지 했습니다. 서로에 대한 참된 사랑이 상호돌봄을 위한 희생과 헌신으로 증명되었습니다.

모이기 위해 최선을 다했습니다.

초대교회의 모임은 '날마다' 있었습니다. 마음을 같이 하여 성전과 집에 모였습니다. 다양한 사람들이 한 자리에서 모임을 갖는 것은 쉬운 일이 아닙니다. 이것은 마음이 하나 되고, 모임에 대하여 우선순위를 분명히 하는 결단이 없이는 이루어지기 어렵습니다. 초대교회 성도들은 자기의 생각과 현실상황 그리고 미래의 계획들을 내려놓고 날마다 성전과 집에서 영석인 모임을 갖기 위해 최선을 다했습니다.

이웃들에게도 칭송받는 모임이었습니다.

초대교회 성도들은 '온 백성에게 칭송'을 받는 모임이었습니다. 영적인 모임이었지만 세상과 단절된 모임은 아니었습니다. 하나님의 자녀들은 세상의 빛과 소금입니다. 그것이 예수님께서 가르쳐 주신 성도의 삶입니다. 초대교회 성도들은 예수님의 말씀을 따라 세상 속에서 빛과 소금의 삶을 살았습니다.

속회의 상호돌봄의 교제는 지속적으로 이루어져야 합니다. 힘들고 어려운 순간에 곁에 있어주고 삶의 필요를 채우며 모이기에 힘써야 합니다. 그래서 온 백성에게 칭송을 받는 아름다운 공동체가 되어야 합니다.

초대교회 소그룹은 전도공동체였습니다

사도행전 2:47b
주께서 구원 받는 사람을 날마다 더하게 하시니라

초대교회 공동체는 앞서 설명한 것처럼 말씀과 성도의 교제, 기도를 중심으로 하는 영적인 공동체였고, 기사와 표적이 일어나는 치유와 회복의 공동체였으며, 상호돌봄의 공동체였습니다. 이 모습들을 통해 온 백성의 칭송을 받게 되었고 그 결과로 주님께서 구원받는 사람들이 날마다 더하게 하셨습니다. 영혼을 구원하는 역사들이 바로 초대교회 소그룹의 열매인 것입니다.

역사 속의 모범적인 속회

　웨슬리의 속회는 사랑의 교제, 영적인 체험이 가득했습니다. 서로를 인정하며 신뢰하였기 때문에 자신의 가치와 자존감을 경험할 수 있는 곳이었습니다. 믿음 안에서 서로의 삶을 나누고 기도하면서 회심과 거듭남의 체험도 이루어졌습니다. 상호간의 영적책임으로 돌봄과 더불어 신앙의 양육과 성장, 성화가 이루어지는 공동체였습니다. 더 나아가 웨슬리의 속회는 사회적인 성화를 이루기 위해서 1주일에 1페니 또는 그 이상의 헌금으로 신도회 사업과 모든 선행에 참여케 했습니다. 가족과 친구, 이웃을 그리스도께로 인도하는 전도의 동기와 능력을 얻고 실천하도록 하는 공동체였습니다. 이처럼 웨슬리의 속회는 성도를 변화시키고, 영혼을 구원하였으며, 사회를 변혁시키는 역동적인 공동체였습니다.

　현대 사회의 속회 사역은 초대교회의 소그룹 공동체와 웨슬리의 속회를 모델로 하여 본질적인 사명에는 흔들림 없이 감당하고, 방법적인 부분은 상황에 따라 지혜롭게 추진해야 합니다. 이러한 노력들을 통하여 세워지는 오늘의 속회는 다음세대가 주목하게 될 또 하나의 새로운 속회 모델이 될 것입니다.

속회의 사명을 실천하기 위한 지향점

　그렇다면 속회가 사명을 감당하기 위해 가지고 있어야 할 구체적인 지향점은 무엇일까요?

성도들의 성화를 이루도록 노력해야 합니다

속회는 성도들의 성화를 이루기 위한 도구로서의 본질적 사명을 가지고 있습니다. 그러나 현대의 속회는 신앙의 수준에 따라 나뉘었던 웨슬리의 속회와는 달리 다양한 신앙의 수준의 사람들이 하나의 속회 안에서 함께 있습니다. 그렇기 때문에 현대 속회 사역은 다양한 신앙의 수준의 성도들을 고려하여 성도들의 성화를 추진해 나가야 합니다. 그렇다면 이러한 다양한 신앙의 수준의 성도들은 어떻게 구분할 수 있을까요?

요한1서 2장에서는 교회 안의 다양한 수준의 성도들을 다음의 네 단계로 구분하고 있습니다. 자녀와 아이, 청년과 아비의 단계입니다. 각 단계의 특징은 다음과 같습니다.

가족	내용	의미
자녀	"너희 죄가 그의 이름으로 말미암아 사함을 받았음이요" (12절)	죄사함을 통해서 거듭나서 이제 성화의 여정을 시작한 사람들
아이	"너희가 아버지를 알았음이요" (14절)	하나님의 사랑과 능력을 개인적으로 경험하며 살아가는 사람들
청년	"너희가 강하고 하나님의 말씀이 너희 안에 거하시며 너희가 흉악한 자를 이기었음이라" (14절)	하나님의 말씀이 삶 속에서 구체적으로 이루어지며, 삶 속에서 영적전쟁의 승리를 경험하며 사는 사람들
아비	"아비들아 내가 너희에게 쓴 것은 너희가 태초부터 계신 이를 알았음이요" (14절)	하나님의 마음을 알고, 해산의 수고를 통해서 영적인 자녀들을 낳은 사람들

자녀는 죄사함을 통해서 거듭나서 이제 성화의 여정을 시작한 사람들이고, 아이는 하나님의 사랑과 능력을 개인적으로 경험하며 살아가는 사람들입니다. 그리고 청년은 하나님의 말씀이 삶 속에서 구체적으로 이루어져 영적전쟁의 승리를 경

험하며 사는 사람들입니다. 마지막으로 아비는 하나님의 마음을 알고, 해산의 수고를 통해서 영적인 자녀들을 낳은 사람들입니다.

한 속회 안에서도 네 단계의 사람들이 신앙생활을 하기에 신앙의 이해도에도 많은 차이가 있을 수 있습니다. 이러한 차이는 긴장과 갈등의 요인들이 됩니다. 그렇기 때문에 속회는 무엇보다도 다양한 수준의 사람들이 함께 하고 있음을 인정하고 각각의 수준에 따라 성화가 이루어질 수 있도록 구체적인 대안과 섬세한 돌봄을 이루어가야 합니다.

자녀들은 성화의 여정을 완주할 수 있도록, 아이들은 하나님에 대한 개인적인 경험을 넘어 세상 속에서 승리할 수 있도록, 청년들은 역동적인 신앙생활이 자신을 넘어 해산의 수고를 통해 영적인 자녀를 낳을 수 있도록, 아비들은 자신 뿐 아니라 영적인 자녀들 모두가 그리스도의 완전에 이르도록 도움을 주도록 해야 합니다.

요한 1서 2:12-17

12.자녀들아 내가 너희에게 쓰는 것은 너희 죄가 그의 이름으로 말미암아 사함을 받았음이요 13.아비들아 내가 너희에게 쓰는 것은 너희가 태초부터 계신 이를 알았음이요 청년들아 내가 너희에게 쓰는 것은 너희가 악한 자를 이기었음이라 14.아이들아 내가 너희에게 쓴 것은 너희가 아버지를 알았음이요 아비들아 내가 너희에게 쓴 것은 너희가 태초부터 계신 이를 알았음이요 청년들아 내가 너희에게 쓴 것은 너희가 강하고 하나님의 말씀이 너희 안에 거하시며 너희가 흉악한 자를 이기었음이라 15.이 세상이나 세상에 있는 것들을 사랑하지 말라 누구든지 세상을 사랑하면 아버지의 사랑이 그 안에 있지 아니하니 16.이는 세상에 있는 모든 것이 육신의 정욕과 안목의 정욕과 이생의 자랑이니 다 아버지께로부터 온 것이 아니요 세상으로부터 온 것이라 17.이 세상도, 그 정욕도 지나가되 오직 하나님의 뜻을 행하는 자는 영원히 거하느니라

교회로서의 사명을 감당해야 합니다

교회의 본질인 거룩을 회복하고 유지하여야 합니다.

성도는 하나님의 성전입니다. 교회는 성도들이 함께 하는 공동체이며 속회 역시 교회 안의 작은 교회입니다. 속회는 세속화의 물결을 막아내고 정결한 공동체가 되도록 노력해야 합니다.

고린도전서 3:16-17
16.너희는 너희가 하나님의 성전인 것과 하나님의 성령이 너희 안에 계시는 것을 알지 못하느냐 17.누구든지 하나님의 성전을 더럽히면 하나님이 그 사람을 멸하시리라 하나님의 성전은 거룩하니 너희도 그러하니라

구원의 방주가 되어 영혼을 구원해야 합니다.

교회는 구원의 방주로서 영혼구원의 사명을 가지고 있습니다. 따라서 속회도 영혼구원의 사명을 힘써 감당해야 합니다. 영혼구원을 위해서 속회는 믿음의 길에서 낙심한 이들을 격려하고 권면함으로 회복시키고, 불신자들을 품고 기도하고 전도해야합니다.

마태복음 28:18-20
18.예수께서 나아와 말씀하여 이르시되 하늘과 땅의 모든 권세를 내게 주셨으니 19.그러므로 너희는 가서 모든 민족을 제자로 삼아 아버지와 아들과 성령의 이름으로 세례를 베풀고 20.내가 너희에게 분부한 모든 것을 가르쳐 지키게 하라 볼지어다 내가 세상 끝날까지 너희와 항상 함께 있으리라 하시니라

세상의 등대가 되어 사랑을 실천해야 합니다.

교회는 어두운 세상에 빛을 비추는 등대입니다. 속회는 주리고 목마른 자들과 함께 하며 사회의 어두움을 몰아내는 작은 촛불의 사명을 감당해야 합니다. 고통과 상처, 아픔이 있는 이들과 소외당한 이들에게 하나님의 사랑을 전해야 합니다.

마태복음 22:36-40

36.선생님 율법 중에서 어느 계명이 크니이까 37.예수께서 이르시되 네 마음을 다하고 목숨을 다하고 뜻을 다하여 주 너의 하나님을 사랑하라 하셨으니 38.이것이 크고 첫째 되는 계명이요 39.둘째도 그와 같으니 네 이웃을 네 자신 같이 사랑하라 하셨으니 40.이 두 계명이 온 율법과 선지자의 강령이니라

로마서 12:14-15

14.너희를 박해하는 자를 축복하라 축복하고 저주하지 말라 15.즐거워하는 자들과 함께 즐거워하고 우는 자들과 함께 울라

상호돌봄의 책임을 감당해야 합니다

속회의 사명이 성도들의 성화를 이루는 것이라면 그것은 이루는 실제적인 방법은 상호돌봄입니다. 이것은 단순히 삶의 필요를 채우는 것만을 의미하지는 않습니다. 영적인 격려와 권면과 같은 영적인 노력들을 포함하고 있습니다.

속회는 상호돌봄을 통하여 성도들이 성화의 과정에서 파선하지 않도록 든든한 울타리가 되어 주어야 합니다. 이를 위해 속회는 신앙과 삶의 전 부분에 걸쳐서 상호 책임의식을 가지고 서로를 돌보아야 합니다.

바른 교육과 훈련의 장이 되어야 합니다

예수님께서는 부활승천하시면서 제자들에게 "너희에게 분부한 모든 것을 가르쳐 지키게 하라"고 말씀하셨습니다. 제자들이 증인으로서 복음을 전하는 것뿐만 아니라 복음을 영접한 이들을 참된 제자로 세우라는 예수님의 명령입니다. 이러한 교육의 장이 속회가 될 수 있습니다. 성도들은 속회 안에서 제자의 바람직한 모습과 태도를 분명하게 배울 수 있어야 합니다.

마태복음 28:19-20
19.그러므로 너희는 가서 모든 민족을 제자로 삼아 아버지와 아들과 성령의 이름으로 세례를 베풀고 20.내가 너희에게 분부한 모든 것을 가르쳐 지키게 하라 볼지어다 내가 세상 끝날까지 너희와 항상 함께 있으리라 하시니라

그렇다면 속회에서 어떻게 참된 제자들을 세울 수 있을까요? 교육의 방법과 내용, 그리고 결과에 대해서 살펴보도록 합니다.

교육방법

속회 안에서 이루어지는 교육의 방법은 예수님께서 보여주신 '모델링 교육'과 '실천교육'입니다. 예수님은 열두제자들과 함께 계셨습니다. 예수님께서는 제자들이 예수님의 가장 가까운 곳에서 예수님의 기도생활과 말씀 선포, 치유의 사역과 축귀의 사역, 인간적인 고뇌와 긍휼히 여기는 마음들을 배울 수 있도록 하였습니다. 그리고 제자들을 사역의 현장으로 보내 예수님에게서 배운 것들을 실천하도록 하였습니다.

마찬가지로 속회에서도 여러 성도들과 함께 하면서 바람직한 신앙의 모습들을 배우고, 배운 것들을 삶 속에서 실천함으로 그리스도의 참된 제자로 성장해 가도록 훈련해야 합니다.

마가복음 3:14-15
14.이에 열둘을 세우셨으니 이는 자기와 함께 있게 하시고 또 보내사 전도도 하며
15.귀신을 내쫓는 권능도 가지게 하려 하심이러라

교육 내용

속회에서 이루어지는 교육의 내용은 예수 그리스도입니다. 속회에서 예수님에 대해서 구체적으로 배우면서 예수님을 구주로 믿는 신앙인으로, 예수님의 뒤를 따르는 신실한 제자로 성장하도록 힘써야 합니다. 세상의 관심사와 성공방법이

속회의 내용이 되어서는 안 됩니다. 예수님의 말씀과 사역, 삶에 대하여 함께 나누면서 배우고 깨닫고 실천하도록 해야 합니다.

요한복음 5:39
너희가 성경에서 영생을 얻는 줄 생각하고 성경을 연구하거니와 이 성경이 곧 내게 대하여 증언하는 것이니라

에베소서 4:13
우리가 다 하나님의 아들을 믿는 것과 아는 일에 하나가 되어 온전한 사람을 이루어 그리스도의 장성한 분량이 충만한 데까지 이르리니

교육 결과

속회 안에서 그리스도의 참된 제자로 세우기 위한 훈련과 교육의 결과는 무엇일까요? 성도 개인이 그리스도의 참된 제자가 되어 세상의 유혹에 요동치지 않게 되는 것뿐만 아니라 성장한 성도들을 통해 그리스도의 몸인 교회가 든든히 세워지는 것입니다.

에베소서 4:11-12
11.그가 어떤 사람은 사도로, 어떤 사람은 선지자로, 어떤 사람은 복음 전하는 자로, 어떤 사람은 목사와 교사로 삼으셨으니 12.이는 성도를 온전하게 하여 봉사의 일을 하게 하며 그리스도의 몸을 세우려 하심이라

에베소서 4:14
이는 우리가 이제부터 어린 아이가 되지 아니하여 사람의 속임수와 간사한 유혹에 빠져 온갖 교훈의 풍조에 밀려 요동하지 않게 하려 함이라

사회적 성화를 이루어 나가야 합니다

웨슬리는 일차적으로는 영혼의 구원에 관심을 두었지만 거기에 안주하지 않고 사회 구원으로 나아갔습니다. 그리스도인의 사회적인 책임에 대하여 관심을 가졌고, 사회에 대한 교회의 책임과 이웃에 대한 사랑을 지속적으로 강조하였습니다.

웨슬리는 옥스퍼드의 신성회 시절에 감옥과 병원을 방문을 시작(1741)으로 환자 무료진료소 건립(1746), 기초의학 저술(1747), 광부들을 위한 학교를 건립(1748)했습니다. 1772년에는 런던의 파운더리 안에 기독교 공동체를 설립하여 가난한 자들을 위한 집, 과부들을 위한 집, 설교자들을 위한 집, 소년들을 위한 학교, 병자들을 위한 진료소, 직장을 알선해 주는 직업소개소, 은행, 도서관, 교회 등 다양한 역할을 감당하게 하였습니다. 1785년에는 런던의 감리교도들에 의해 나그네 친구회(Stranger's Friendly Society)가 설립되었고 이후에 이 센터는 감리교 신도회가 세워지는 곳마다 함께 세워져 곳곳에서 큰 영향력을 끼치게 되었습니다.

또한 웨슬리는 경제 문제에도 관심이 있어 목화처리공장, 작은 편물공장 등을 세워 가난한 사람들에게 일자리를 마련해 주기도 하였고 세금문제와 노예문제를 해결하기 위해 노력했습니다.

속회도 사회적 성화를 위해서 노력해야 합니다. 지역사회의 상황과 변화에 관심을 갖고 구체적인 성화의 자리로 나아가야 합니다. 나라와 민족, 특히 분단된 현실을 바라보며 사회적 성화를 펼쳐가야 합니다. 속회는 개인적 성화와 공동체의 성화를 넘어 사회를 변화시키는 사회적인 성화를 추구해야만 하는 시대적인 소명을 가지고 있는 영적인 공동체입니다.

나눔

1. 초대교회 공동체와 웨슬리의 속회를 살펴 본 후에 소감을 나누며 우리가 꿈꾸는 속회에 대해서 함께 나누어 보시기 바랍니다.

   _____
   _____
   _____
   _____
   _____

2. 우리 속회가 사회적인 성화를 위해서 할 수 있는 일이 있다면 무엇일까요? 우리 주변에서 할 수 있는 일들을 구체적으로 나누어 보시기 바랍니다.

   _____
   _____
   _____
   _____
   _____

Chapter 06

건강한 속회를 위해 기억해야 할 원칙들

생각하기

당신은 건강한 삶을 위해서 어떤 원칙(식단, 운동, 취미 등)을 세우고 지키고 있습니까? 함께 나누어 보시기 바랍니다.

_____
_____
_____
_____

　　건강은 요즘 시대의 중요한 화두입니다. 많은 대중매체들이 앞 다투어 건강에 관한 정보를 제공합니다. 건강을 위한 음식부터 생활습관까지 다양한 소재들로 프로그램을 편성하고 있습니다.

　　건강이란 어떤 상태를 의미하는 것일까요? 건강의 사전적 정의는 '몸이나 정신에 아무 탈이 없이 튼튼함'입니다. 즉, 신체나 정신, 내면과 외면 모두가 튼튼해야 건강하다고 규정할 수 있습니다. 건강한 육체와 정신이 갖추어졌을 때에야 비로소 자아를 실현하고 삶에서 의미 있고 가치 있는 일을 해나갈 수 있습니다.

속회도 마찬가지입니다. 우리는 건강한 속회를 만들어야 합니다. 건강한 속회가 되어야만 하나님께서 뜻하시는 사명을 감당할 수 있기 때문입니다. 그렇다면 건강한 속회란 어떤 속회를 의미할까요? 건강에 대한 사전적인 정의를 적용해 본다면 건강한 속회란 영적인 상태와 실제의 삶의 모습이 아무 탈 없이 튼튼한 상황이라고 정의할 수 있을 것입니다. 건강한 속회가 되기 위해서 어떻게 해야 할까요?

조화와 균형

건강한 속회를 가늠하는 기준은 조화와 균형에 있습니다. 사람의 건강이 신체와 마음의 조화라면 속회의 건강도 마찬가지입니다. 속회가 가진 본질적인 요소들이 조화와 균형을 이룬다면 건강한 속회가 될 것입니다.

건강한 속회를 이루는 세 가지 요소

건강한 속회에는 반드시 세 가지 요소가 있어야 합니다. 그것은 말씀 중심의 삶의 나눔과 상호돌봄의 교제, 영혼구원의 사명입니다.

말씀 중심의 삶의 나눔
건강한 속회에서는 말씀을 중심으로 하는 삶의 나눔이 이루어져야 합니다. 속회는 세상의 여러 가지 일들(정치, 경제, 교육, 문화 등등)을 이야기하는 친교모임이 아닙니다. 영적인 모임입니다. 때문에 말씀 중심의 삶의 나눔은 건강한 속회의 중요한 요소가 됩니다.

속회에서의 활발한 나눔은 진리의 말씀 앞에 자신의 삶을 조명하여 점검하게 합니다. 속회원들은 삶을 나누면서 말씀을 기준으로 삼아 모든 일을 분별하며 위로해 주어야 합니다.

디모데후서 3:15-17
15.어려서부터 성경을 알았나니 성경은 능히 너로 하여금 그리스도 예수 안에 있는 믿음으로 말미암아 구원에 이르는 지혜가 있게 하느니라 16.모든 성경은 하나님의 감동으로 된 것으로 교훈과 책망과 바르게 함과 의로 교육하기에 유익하니 17.이는 하나님의 사람으로 온전하게 하며 모든 선한 일을 행할 능력을 갖추게 하려 함이라

상호 돌봄의 교제

상호돌봄의 교제는 하나의 공동체를 이루어가는 과정인 동시에 속회를 견고하게 세워가는 절대적으로 필요한 요소입니다. 상호돌봄의 교제를 통하여 속회원들 간에는 신뢰관계가 형성되고 결국 하나의 공동체를 이루게 됩니다.

골로새서 3:12-17
12.그러므로 너희는 하나님이 택하사 거룩하고 사랑 받는 자처럼 긍휼과 자비와 겸손과 온유와 오래 참음을 옷 입고 13.누가 누구에게 불만이 있거든 서로 용납하여 피차 용서하되 주께서 너희를 용서하신 것 같이 너희도 그리하고 14.이 모든 것 위에 사랑을 더하라 이는 온전하게 매는 띠니라 15.그리스도의 평강이 너희 마음을 주장하게 하라 너희는 평강을 위하여 한 몸으로 부르심을 받았나니 너희는 또한 감사하는 자가 되라 16.그리스도의 말씀이 너희 속에 풍성히 거하여 모든 지혜로 피차 가르치며 권면하고 시와 찬송과 신령한 노래를 부르며 감사하는 마음으로 하나님을 찬양하고 17.또 무엇을 하든지 말에나 일에나 다 주 예수의 이름으로 하고 그를 힘입어 하나님 아버지께 감사하라

영혼구원의 사명

건강한 속회는 영혼구원의 사명을 감당해야 합니다. 속회는 교제에만 머무는 것이 아니라 교회 안의 작은 교회로서 영혼구원의 사역을 지향해야 합니다. 이를 위해서 속회는 새가족들이 교회에 잘 정착하도록 세심한 관심을 기울여야 합니다.

더 나아가 태신자들을 작정하고 초청하여 영혼구원의 열매를 거두도록 노력해야 합니다. 속장은 영혼구원의 사명을 속회원들에게 수시로 강조해야 합니다. 속회가 영혼구원의 사명을 잃어버린다면 단순한 세상의 친목단체로 변질될 수 있기 때문입니다.

골로새서 4:3
또한 우리를 위하여 기도하되 하나님이 전도할 문을 우리에게 열어 주사 그리스도의 비밀을 말하게 하시기를 구하라 내가 이 일 때문에 매임을 당하였노라

조화와 균형의 유지

건강한 속회는 앞서 설명한 세 가지 요소들이 조화와 균형을 유지하고 있어야만 합니다. 만약 조화와 균형을 상실해 버린다면 여러 가지 문제들이 발생하게 됩니다.

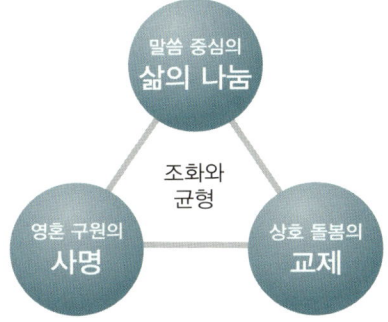

건강한 속회의 세가지 요소

예를 들면 말씀 중심의 삶의 나눔은 건강한 속회에서 가장 중요한 요소이지만 나눔에만 집중한다면 속회가 가지고 있는 역동성을 상실한 단순한 성경공부모임으로 머물게 됩니다. 또 속회원들 간의 상호돌봄의 교제는 속회를 견고하게 지탱해주지만 교제에만 집중한다면 그 속회는 교회의 본질을 잃어버린 친목단체로만 남게

됩니다. 그렇다고 해서 말씀중심의 삶의 나눔이나 상호돌봄의 교제 없이 영혼 구원의 사명만을 강조한다면 속회원들이 쉽게 탈진해 버리는 상황에 직면하게 될 수 있습니다.

따라서 건강한 속회는 '말씀 중심의 삶의 나눔', '상호돌봄의 교제', '영혼구원의 사명'이 속회 안에 존재하도록 노력해야 합니다. 각각의 요소들이 조화와 균형을 이룰 수 있도록 점검하고 지속적인 노력을 기울여야 합니다. 이때 치유와 회복이 일어나고 영혼구원을 통한 속회성장을 경험하게 될 것입니다.

빈자리

건강한 속회에도 '빈자리'가 있습니다. 빈자리에는 상징적인 의미가 담겨 있습니다. 빈자리의 상징적인 의미는 크게 두 가지로 정리할 수 있습니다.

첫째로 빈자리는 속회의 개방성을 의미합니다. 속회 안의 빈자리는 속회가 항상 모든 사람들에게 열려 있음을 상징합니다. 상처 받고 힘에 겨워 치유와 회복이 필요한 사람들, 영적교제에 갈급한 사람 등 그리스도의 복음이 필요한 모든 사람들에게 속회는 열려있고 받아들일 준비가 되어 있다는 것을 상징적으로 보여 줍니다. 둘째로 빈자리는 속회가 책임져야 하는 형제와 자매들이 있음을 의미합니다. 빈자리는 모든 속회원들에게 그 자리에 와서 앉아 있어야 할 사람이 존재한다는 사실과 그 사람을 위해 기도하고 인도해야 할 책임이 있음을 알려주는 상징이 됩니다.

그렇다면 한걸음 더 나아가 속회가 기억해야 하는 빈자리가 무엇인지 구체적으로 살펴보도록 합니다.

전도대상자의 빈자리입니다

전도대상자의 빈자리입니다. 속회는 새로운 생명을 탄생시키는 생명의 모판으로서 개인전도 뿐만 아니라 속회전도, 태신자전도 등 다양한 전도의 노력을 통하여 영혼구원의 사명을 이루어가야 합니다.

사역의 빈자리입니다

사역동참으로서의 빈자리입니다. 이 빈자리는 주님의 몸 된 교회를 세우고 하나님의 나라를 확장해 가기 위해서는 성도들이 감당해야 하는 섬김과 봉사의 자리가 있음을 의미합니다. 건강한 속회는 다양한 목회사역을 위해 기도할 뿐만 아니라 구체적인 사명 감당을 위한 섬김과 봉사의 결단이 이루어지는 거룩한 장이 되어야 합니다.

낙심자와 중보기도대상자의 빈자리입니다

낙심자와 중보기도대상자의 빈자리입니다. 속회는 본질적으로 성화를 이루어가는 장입니다. 성화의 여정을 걷는 성도들이 세상의 유혹과 위협 앞에서 파선하지 않도록 서로 돌보고 세워주는 곳입니다. 그렇기 때문에 건강한 속회는 자신만이 아니라 어려움을 겪고 있는 이들을 잊지 말고 포기하지 않아야 합니다. 속회는 낙심한 이들 뿐만 아니라 질병과 실업, 자녀 문제 등 중보기도를 필요로 하는 이들을 기억하며 기도해야 합니다.

건강한 속회는 세 개의 빈자리의 의미를 잊지 말아야 합니다. 영혼구원의 빈자리를 통해서 전도에 대한 동기부여가 일어나고, 사역의 빈자리를 통해 교회 공동체를 든든히 세워가는 동시에 하나님의 나라를 확장시키는 거룩한 결단이 일어나야 합니다. 그리고 낙심자와 중보기도자를 위한 빈자리를 통하여 속회원들이 성화의 길을 함께 걷는 영혼의 동반자임을 기억하고 서로 돌보며 세워주어야 합니다.

속회의 우선순위

건강한 속회의 세 가지 요소들이 조화와 균형을 이루도록 하는 것은 쉬운 일은 아닙니다. 왜냐하면 성도들의 삶의 환경과 여건, 속회의 형편이 지속적으로 변화하기 때문입니다. 그렇기 때문에 속회의 탄생과 성장, 그리고 다시 분속해 가는 일련의 과정, 즉 속회의 생명주기 속에서 우선순위를 지혜롭게 판단하고 설정하고 추진해야 합니다.

속회의 탄생시기

속회가 처음 탄생하는 시기에 가장 우선순위를 가져야 하는 것은 '상호돌봄의 교제'입니다. 속회가 시작될 땐 속회원들간의 낯섬을 친밀함으로 전환시켜서 신뢰의 관계를 형성해야 합니다. 말씀중심의 삶의 나눔과 영혼구원의 사명보다는 상호돌봄의 교제를 보다 우선적으로 실시해야 합니다. 이를 통해 참석한 모든 속회원들이 모임 안에서 따뜻함과 사랑의 기쁨을 누리게 하여 속회참석에 대한 동기부여를 강하게 주는 것이 무엇보다도 중요합니다.

속회의 성장시기

　속회의 성장시기에는 말씀 중심의 삶의 나눔으로 전환해 나가야 합니다. 상호돌봄의 교제를 통하여 친밀함을 경험한 속회원들이 이제는 하나님이 말씀 앞에서 자신의 삶을 나눌 수 있고, 그 말씀을 통하여 자신의 삶을 진단하고 교정할 수 있도록 이끌어 주어야 합니다.
　이를 위해서 속장을 비롯한 기존 속회원들이 먼저 말씀을 중심으로 하는 삶의 나눔에 적극적으로 참여해야 하며, 또한 이 때 나누는 이야기들은 속회 밖으로 나가지 않도록 비밀을 유지해 주어서 진실한 삶의 나눔이 이루어지도록 해야 합니다.

속회의 분속시기

　속회는 탄생시기와 성장시기를 지나면 새로운 속회로 나누어지는 분속시기를 맞게 됩니다. 속회의 탄생시기에 상호돌봄의 교제를 통해 친밀감을 형성했고, 속회의 성장시기에 말씀중심의 삶의 나눔을 통해서 깊은 영적인 교제를 하게 되면 사람들은 현재의 상황을 유지하고 싶어 합니다.
　그러나 이러한 시기가 되면 속회는 말씀 중심의 삶의 나눔에서 영혼구원의 사명으로 우선순위를 재설정해야 합니다. 분속에 대한 당위성을 강조해야 합니다. 또 속회 안에서 빈자리를 통해 영혼구원을 위한 구체적인 결단이 일어나도록 하며, 속회원들이 사역의 빈자리에 동참할 수 있도록 권면해야 합니다.

　건강한 속회를 위해선 속회의 생명주기를 분별할 수 있는 지혜와 시기에 맞게 방향전환을 추진하는 결단력이 필요합니다. 속장은 속회의 생명주기를 주의 깊게 살피며, 다양한 속회원들의 삶의 변화 속에서 위의 세 가지 요소들을 탄력적으로 운용할 수 있는 지혜와 결단력을 갖도록 지속적으로 노력해야 합니다.

실제적인 코이노니아

건강한 속회는 실제적인 코이노니아가 일어나야 합니다. 훌륭한 속장과 속회원들이 있고, 속회를 위한 제반환경이 잘 되어 있어도 속회원들 간에 신뢰와 결속이 없고 지속적으로 모일 수 없다면 속회사역은 결국 실패하게 됩니다. 속회의 신뢰와 결속을 위해서는 실제적인 코이노니아가 필수입니다. 그렇다면 실제적인 코이노니아를 이루기 위해서 어떻게 해야 할까요?

자기소개를 통하여 소속감을 형성합니다

코이노니아의 첫 번째 단계는 자기 자신을 소개하는 것입니다. 이것은 속회의 탄생시기에 가장 중요한 코이노니아입니다. 속회원들은 자신에 관한 이야기를 다른 사람들과 함께 나누며 고향, 성격, 어린 시절의 추억 등 많은 이야기들을 할 수 있습니다. 더불어 이러한 인생의 여정뿐만 아니라 신앙생활의 여정과 앞으로의 비전과 소명에 관해서도 이야기 할 수 있습니다.

자기소개를 하면 속회의 소속감을 분명하게 가질 수 있으므로 새로운 속회원을 맞이할 때마다 반복적으로 자신을 소개하는 것은 매우 중요합니다. 속장은 자기소개를 위한 다양한 질문을 미리 마련해 두는 것이 필요합니다.

> **Tip** [자기소개 과정을 위한 질문의 예]
>
> | 구분 | 질 문 |
> |---|---|
> | 과거 | • 고향과 어린 시절의 추억들을 나누어 보세요.
• 나의 인생에 있어서 중요한 사람들은 누구이며 그 이유는 무엇인가요?
• 지나온 신앙의 여정을 소개해 줄 수 있을까요? |
> | 현재 | • 지금 나의 삶에서 만족한 부분은 무엇인가요? |
> | 미래 | • 앞으로의 가장 중요하게 생각하는 목표와 꿈은 무엇인가요?
• 하나님께서 내게 주신 소명은 무엇인가요? |
> | 취미 | • 좋아하는 취미생활은 무엇인가요?
• 최근에 감명깊게 본 영화는 무엇이었으며 무엇 때문에 감동을 받았나요? |
> | 기호 | • 사계절 중 좋아하는 계절과 이유는 무엇인가요?
• 좋아하는 색깔은 무엇인가요? 왜 그 색깔을 좋아하게 되었나요? |

서로를 긍정함으로 신뢰감과 안정감을 형성합니다

두 번째 단계는 서로에 대한 긍정의 단계입니다. 이것은 자신을 소개한 이들에 대한 반응입니다. 서로에 대한 긍정은 구원의 진리를 위배하는 것이 아니라면 무조건적인 수용과 긍정을 하는 것이 원칙입니다. 판단하지 않고 있는 모습 그대로를 받아들이는 것입니다. 전적인 수용과 긍정의 의사를 분명하게 보여줄 때 자기를 소개한 속회원은 자신이 이 속회의 구성원이고, 또 배려 받고 있다는 것을 확신하게 됩니다. 정서적인 안정감도 얻을 수 있습니다.

속회원들은 타인의 이야기를 경청하고 전적인 수용과 긍정의 의사를 분명하게 표현해야 합니다. 이것은 속회원들 모두가 지녀야 하는 중요한 태도입니다. 이러한 모습을 통해서 속회 안에서 친밀한 관계성과 신뢰감이 형성되며 이를 토대로 더 깊은 교제로 나아갈 수 있습니다.

하나님의 비전을 서로 나누어야 합니다

세 번째의 단계는 하나님의 비전을 나누는 과정입니다. 앞서서 자신을 이야기하고, 서로를 긍정해주었다면 이제는 나와 너를 넘어 구체적인 하나님의 비전에 대하여 나누어야 합니다. 이 단계에서는 성령님께서 사람들을 결속시키고 치료하시고 새롭게 하실 수 있도록 해야 합니다. 나눌수록 성령님께서 주시는 도전의식이 생기게 해야 합니다. 그래서 의식적으로 이야기의 주어를 '나'에서 '하나님'으로 바꾸어야 합니다.

"하나님께서 당신이 어떤 삶을 살기를 기대하고 계실까요?"

"하나님께서 당신에게 주신 구체적인 소명이 무엇인가요?"

이러한 코이노니아를 통하여 하나님의 마음과 뜻을 깨닫게 되고 새로운 신앙의 목표를 설정하여 헌신할 수 있게 됩니다.

속회 안에서 이루어지는 실제적인 코이노니아는 단순히 음식을 먹으며 환담을 나누는 세상의 교제와는 분명 다릅니다. 자기소개를 통하여 소속감을 갖게 되고, 서로의 이야기에 대하여 전적인 수용과 긍정을 통하여 새로운 관계를 형성하게 됩니다. 그리고 마침내 관계성을 가진 모든 지체들과 하나님의 비전을 나누면서 새로운 목표를 설정해 가게 되는 영적인 모임입니다. 속회원들은 이러한 과정 속에서 영적인 기쁨을 체험하게 됩니다.

분속을 통한 성장

겨우내 죽은 것 같던 씨앗을 땅에 심으면 살아있는 씨앗이라면 반드시 싹을 틔우게 됩니다. 반면에 죽어버린 씨앗은 어떤 노력을 기울여도 조금의 움틈도 일어나지 않습니다. 마찬가지로 속회가 건강하고 생명력이 있다면 자연히 성장하게 되어 있습니다. 건강한 속회는 성도들의 지속적인 성화와 성숙 뿐 아니라 분속을 통하여 성장해야 합니다. 그러나 성장에 대한 욕심 때문에 세심한 준비와 배려 없이 분속을 진행한다면 도리어 속회의 건강을 해칠 수 있습니다. 그렇기 때문에 속회의 생명주기(탄생-성장-분속)에 따라 구체적인 준비를 통해 성장하는 것이 중요합니다. 그렇다면 어떻게 분속을 준비해야 할까요?

> 갈라디아서 4:19
> 나의 자녀들아 너희 속에 그리스도의 형상을 이루기까지 다시 너희를 위하여 해산하는 수고를 하노니

속회원들이 공유하는 이야기를 나누어야 합니다

속회의 분속을 위해서는 속회원들이 함께 공유하고 있는 이야기들을 나누는 것이 중요합니다. 속회 안에서 탄생과 성장의 시기를 지나오면서 경험했던 기쁨과 갈등, 문제 해결의 감동, 기도의 응답 등 잊을 수 없는 순간들을 다시 돌아보며 새로운 결단을 위한 토대를 마련해야 합니다.

속회의 지나 온 여정을 이야기 할 때엔 속장의 섬세한 준비가 필요합니다. 왜냐하면 애써 감추어 둔 아픈 상처를 다루나 노리어 문제가 생길 수 있기 때문입니다. 그렇기 때문에 속장은 분속의 시기를 가정하여 매번 속회를 마친 후에 속회 일지를 정리하고 기록하는 것을 습관화해야 합니다. 그 기록 중에서 이야기 해야 할 것과 하지 말아야 할 것을 구분해 놓는 세심함이 필요합니다.

> **Tip**
>
> **[속장의 속회일지 예시]**
>
> 일시: 0000년 00월 00일   모인 가정 :
>
> | 구분 | 내용 |
> |---|---|
> | 기 쁨 | 김영숙 집사님 가정에 드디어 생명잉태의 소식이 있었음
기도하면 되는구나! 라고 확신하게 됨 |
> | 즐거움 | 서로 싸웠던 유오디아 집사님과 순두게 권사님이 화해하셨음
모두가 눈치보지 않게 되어 행복해 함 |
> | 슬 픔 | 아들이 취업시험에서 낙방해서 슬픔에 빠졌던 홍권사님을 위로해 드림 / 나누지 말 것! |
> | 기도
응답 | 남편의 구원을 위해 기도했던 김은숙 권사님의 기도가 응답되었음 / 추후 함께 나눌 것! |
> | 기도
요청 | 나주환 집사님이 낙상으로 인해서 골절되어 입원하심 |

서로의 은사를 구체적이고 객관적으로 나누어야 합니다

이제 한걸음 더 나아가 서로의 은사에 대해서 나누어야 합니다. 속회에서 발견했던 각자의 은사들을 객관적으로 바라보아 이야기를 나눕니다.

"나는 집사님에게서 가르침의 은사를 발견하게 되었습니다. 집사님이 이야기하면 귀에 쏙쏙 들어와요"

"나는 권사님에게서 어머니의 사랑을 발견하게 되었어요. 권사님과 함께 있으면 마음이 편안해져요"

서로의 은사에 대한 객관적인 평가와 격려는 하나님 나라의 사역자로서 서기 위한 결단을 돕게 됩니다. 자신도 인지하지 못하였던 은사들을 다른 이들을 통해 발견하게 된 속회원은 그 은사를 통하여 사역을 결단히게 됩니다.

새로운 결단을 구체적으로 돕습니다

분속의 단계에서는 초점을 하나님께서 주신 소명과 비전에 집중해야 합니다. 속회에서 본질적인 사명을 이루기 위한 사역동참을 결단하는 이 과정은 매우 중요합니다. 속장은 이 과정을 위해서 속회원들의 결단을 도울 수 있는 안내 자료를 미리 준비하는 것이 좋습니다.

Tip

[사역배치를 위한 안내자료 예시]

우리에게 주시는 '거룩한 소명'

구분	내용				
가정	☐ 인가귀도	☐ 가정예배	☐ Q.T		
교회	☐ 사회봉사부	☐ 교 사	☐ 차량봉사대	☐ 전도단	☐ 찬양대
지역사회	☐ 자원봉사센터	☐ 재능기부			
직장	☐ 신우회	☐ 정직한 직장인			

속회는 속회원들에게 교회공동체와 지역사회를 섬기는 등 다양한 사역에 동참할 수 있도록 서로를 독려할 수 있습니다. 더 나아가 새로운 속회를 재생산하여 성장해 갈 수 있는 계기를 마련할 수 있습니다.

그러나 한 가지 기억해야 하는 사실은 모든 속회가 새로운 속회를 '동시에' 탄생시키지 않을 수 있다는 것입니다. 속장은 또 하나의 속회를 탄생시키기거나 기존의 속회에서 한 두 사람을 새로운 속장으로 파송할 수도 있음을 유념하여 지속적으로 적합한 이들을 발굴하고 훈련시켜야 합니다. 뿐만 아니라 분속의 당위성을 속회원들에게 지속적으로 강조하여 분속의 때를 준비해야 합니다. 무엇보다 중요한 것은 이 모든 과정에서 속장은 개인적인 경험과 판단을 따라 행하는 것이 아니라 반드시 교회의 목회의 방향과 목회자들의 영적인 지도를 따라야만 합니다.

나눔

1. 건강한 속회의 세 가지 요소의 의미를 생각해 보며 우리 속회에 부족한 것이 무엇인지 살펴보고 어떻게 균형을 이루어갈지 이야기해 보시기 바랍니다.

2. 건강한 속회의 다섯 가지 원칙들을 살펴보면서 속회 안에서 어떻게 적용해 갈 수 있을지 서로 이야기 해 보시기 바랍니다.

Chapter 07
속회의 실제

생각하기

당신이 가장 잘 만드는 음식은 무엇입니까? 음식레시피를 함께 공개해 봅시다.

성공적인 속회사역은 성도들의 삶에 대한 관심으로부터 시작됩니다. 속회사역의 핵심은 성도들의 삶의 변화인데 이를 위해서는 속회원들의 구체적인 삶의 상황을 알고 있어야 합니다. 속장은 속회의 모임시간 뿐만 아니라 모임 이후의 일상의 삶에 대하여도 지속적인 관심을 가져야 합니다. 그렇다면 속장들은 속회사역을 어떻게 감당해야 할까요?

속회 사역의 범위

속회 안의 사역

속회 안의 사역은 속회모임을 준비하는 과정부터 속회인도, 속회 후의 후속조치를 포함한 모든 사역을 말합니다. 속회 안의 사역은 속회 안에서 모인 성도들과 함께 말씀 중심의 삶을 나누고, 상호돌봄의 교제를 실천하며, 영혼구원의 사명을 감당하는 사역을 포함하고 있습니다.

속회 밖의 사역

속회 밖의 사역은 공식 속회모임을 제외한 다른 시간들에 행해지는 사역입니다. 속회원들과의 일대일 개인적인 만남을 통하여 상담과 격려, 권면하는 사역들을 의미합니다.

속회 밖의 사역은 교구 사역자와 함께 심방하는 사역과 속회원들과 일대일만남 사역으로 나눌 수 있습니다. 특별히 일대일만남 사역은 속회원과 속장과의 일대일 만남을 통하여 친밀한 관계를 형성할 뿐만 아니라 속회 안에서 발생하는 다양한 갈등과 긴장들을 해결할 수 있는 유익을 가지고 있습니다.

속회 안의 사역과 속회 밖의 사역은 함께 이루어져야 합니다. 두 가지의 사역이 함께 이루어질 때 성도들의 신앙이 성장하고 실제적으로 삶이 변화될 수 있게 됩니다.

속회 안의 사역 : 속회운영법

속회 안의 사역은 속회운영법과 관련되어 있습니다. 속회는 일반적으로 주중 1회, 각 가정을 순회하며 모이게 됩니다. 속회를 어떻게 준비하고 효과적으로 운영할 것인지에 대한 부분이 이 사역의 핵심입니다. 속회 안의 사역은 속회준비단계, 속회진행단계, 속회후속단계의 세 가지로 나눌 수 있습니다.

속회 준비단계입니다

속장은 구체적으로 기도하면서 속회를 준비합니다.
① 속회원들이 준비된 마음으로 속회에 참석하도록 기도해야 합니다.
② 성령님께서 함께 해 주시고 인도해 주시는 속회가 되도록 기도해야 합니다.
③ 그동안 속회에 참석하지 못했던 이들이 참석할 수 있도록 기도해야 합니다.

속회원들에게 속회에 관한 구체적인 공지를 합니다.
① 모든 속회원들에게 속회 일자와 속회 장소에 대하여 구체적으로 공지합니다. 이 때 속장의 편리성을 위해 메신저(카카오톡, 밴드 등)나 문자 메시지를 보내는 것은 지양하고 속회원들과의 직접적인 대면고지나 전화통화를 하는 것이 바람직합니다.
② 속회원들의 직장과 가정환경 등을 고려하여 가장 많은 사람들이 모일 수 있는 시간을 정하여 드리도록 합니다. 대신 한 번 정한 요일이나 시간을 개인적인 이유로 임의로 바꾸어서는 안됩니다.
③ 어르신들이나 몸이 불편한 속회원들을 위해 오가는 차편을 확인하도록 합니다.

속회를 위한 주변상황들을 점검합니다.
① 자리배치는 서로의 얼굴이 잘 보일 수 있도록 하되 다리가 불편한 분들이 많을 경우에는 바닥보다는 식탁에서 하도록 합니다.
② 휴대폰이나 집 전화는 속회 모임 시간에는 전원을 꺼 놓도록 요청합니다.
③ 아이들을 동반하고 참석하는 속회원들을 사전에 파악하여 별도의 방을 마련하거나 간식을 준비해 놓도록 합니다.

예배 준비
① 속회공과를 다시 한 번 숙지하고 말씀에 대한 열린 질문을 미리 연구하여 준비합니다. - 열린 질문이란 질문의 대답이 '예', '아니오'와 같은 단답형으로 끝나지 않는 질문을 말합니다.
② 지난번 모임에서 함께 기도했던 중보 기도의 제목을 미리 확인하여 기도응답의 여부를 확인합니다.
③ 다과나 식사를 준비할 경우 서로에게 부담을 주지 않도록 간단하게 하며 속회에 처음 나온 이들이 있다면 불편하지 않도록 세심하게 배려합니다.

속회 진행단계입니다

환영
속회에 참석한 이들을 반갑고 따뜻하게 인사하며 축복합니다.

사도신경 (or 조용한 기도)
모든 속회원들이 참석한 후에는 감리교 속회공과의 순서에 따라 '사도신경'으로 신앙고백하면서 속회예배를 시작합니다.

찬송과 기도
① 찬송은 가급적 속회공과의 내용에 따라 선정된 찬송으로 하되 속회의 상황을

고려하여 다른 찬송을 부를 수도 있습니다.
② 기도는 사전에 선정된 담당자가 하되, 감사, 찬양, 고백, 간구의 순서를 따라 기도하도록 합니다. 이는 개인기도가 아니라 대표기도임을 고려하여 사전에 기도문을 작성하여 기도할 수 있도록 도와줍니다.

말씀나누기

① 속장은 속회공과의 내용을 미리 숙지하고 성도들과 눈을 마주치며 말씀을 전합니다. 속회공과에 대한 충분한 준비를 하지 못한 것은 하나님도 아시고, 나도 알고, 속회원들도 압니다. 따라서 한 주간 동안 최선을 다해서 준비하고 숙지해야 합니다.

② 속회공과의 말씀의 읽고 묵상하며 각자의 삶 속에서 어떻게 적용할지에 대해 속회원들과 함께 나눕니다. 속장은 먼저 자신을 오픈하여 고백하고 결단하도록 합니다. 이를 통해서 속회원들에게 용기를 줄 수 있으며 이것이 진행상에도 바람직합니다.

③ 속장은 속회원들이 자유롭게 나눌 수 있도록 진행합니다. 진행 중에 다음의 주의점들을 명심하십시오.
- 비난하는 말이나 부정적인 말을 해서는 안됩니다.
- 속회에서 나눈 이야기들은 속회 밖에서 절대로 발설하지 않도록 모일 때마다 분명하게 강조해야 합니다.
- 속회의 나눔으로서 부적절한 것일 경우에 속장은 양해를 구하고 정지시켜야 합니다.

④ 나누었던 말씀의 적용점을 가지고 합심하여 기도한 후, 속장이 마무리 기도를 합니다.

합심기도

① 말씀을 따라 드리는 기도
속회공과 말씀의 내용들과 함께 나눈 구체적인 적용점들이 삶 속에서 잘 실천될 수 있도록 합심하여 기도합니다.

② 교회와 담임목사를 위한 기도

교회공동체와 영적리더인 담임목사를 위해 기도해야 합니다. 악한 영적 세력들의 공격 앞에서 보호해 주시고 사명을 감당할 때 성령님이 인도해 주시도록 구체적으로 기도해야 합니다.

③ 전도대상자를 위한 기도

마음속에 품고 기도하고 있는 태신자들과 기타 전도 대상자들을 위해서 기도합니다.

④ 속회원들을 위한 중보기도

속회원들의 신앙의 문제, 육신의 질병과 자녀들의 문제, 경제적인 어려움, 관계의 갈등의 상황 등 여러 가지 삶의 문제들을 기도제목으로 나누며 함께 기도하도록 합니다. 특별히 가정을 예배의 처소로 제공한 속회원의 가정을 위해 축복하며 기도합니다.

헌금찬송과 폐회

① 헌금찬송을 부르며 준비한 헌금을 봉헌합니다.

② 헌금 기도 후 주기도문으로 마칩니다.

광고와 다과나눔

① 교회의 광고와 속회의 광고를 간략하게 전달합니다.

② 다과는 가급적 서로에게 부담을 주지 않도록 간단하게 준비하고 나눕니다.

③ 다과를 나누면서 속장은 속회원들의 신령상의 상황들(성경읽기, 예배와 기도생활, 태신자 작정 및 전도, 사역, 가정 형편 등등)을 점검합니다.

속회 후속 단계입니다

속회모임에서 새롭게 알게 된 상황들을 목회자에게 보고합니다.

속장은 속회를 통해서 점검한 속회원의 영적인 상태(성경통독, 주일출석, 기도생활, 예배생활 ,사역동참 등)와 속회원의 개인 및 가정, 직장의 형편들을 정리합니다. 그리고 그 외 속회의 구체적 사역 내용과 속회의 형편 등을 속장 보고서에 작성한 후 목회자에게 제출합니다. 이를 통해 목회자와 속장이 함께 속회원의 문제를 공유하고 기도, 권면, 격려를 통해 속회원의 영적인 성장을 이룰 수 있도록 해야 합니다.

속회에 참석하지 못한 속회원들과 연락하여 상황을 파악합니다.

속장은 속회에 참석하지 못한 속회원들을 집중적으로 관리해야 합니다. 속장은 속회에 불참한 속회원들에게 속회 당일이나 늦어도 다음날까지는 개별적으로 연락하고 적절한 때에 직접 만나도록 해야 합니다. 이러한 만남을 통해 속회원의 상황을 파악하고 전달사항을 전하며 다음 속회에 꼭 동참하도록 권면합니다.

속회 밖의 사역 : 일대일만남

속회는 처음부터 속회원들이 한 가정에서 모였던 것은 아닙니다. 웨슬리 속회의 속장은 각 속회원들을 직접 방문하여 그들의 영혼의 형편을 조사하고 권면과 가르침, 책망과 위로함으로 삶을 돌보는 일들을 감당했습니다. 그러나 시간이 지나다보니 속장이 너무 많은 시간을 투사해야 하는 불편함이 있었습니다. 더불어 당시의 메도디스트들은 주로 가난한 사람이거나 노동자들이었기 때문에 집주인이나 가족들이 속장이 방문하는 것을 기피하는 경향이 있었습니다. 그러다보니 속회원들과 깊이 있는 대화도 나눌 수가 없었습니다. 때문에 한 곳에서 모여 속회를 갖기 시작했습니다.

그러나 장소와 상관없이 중요한 것은 속장은 속회원들의 삶과 영혼을 살피고 돌보는 평신도 목회자로서의 사역을 감당했다는 사실입니다. 이것은 속장의 본질적인 임무이며 역할입니다. 이러한 임무와 역할을 감당할 수 있도록 하는 중요한 통로가 바로 '일대일만남'입니다.

일대일만남에는 큰 유익이 있습니다

속회원의 상태와 필요를 알 수 있습니다.
선한 목자가 양에 대하여 알고 있는 것처럼 속장은 속회원들에 대해서 누구보다 잘 알고 있어야 합니다. 일대일만남은 이러한 것을 가능하게 합니다. 일대일만남을 통해서 속장은 속회원들의 구체적인 삶의 형편과 마음의 염려와 두려움을 파악할 수 있고 그들의 영적인 필요도 알 수 있게 됩니다.

요한복음 10:27
내 양은 내 음성을 들으며 나는 그들을 알며 그들은 나를 따르느니라

속회원에 대해서 깊이 파악할 수 있습니다.
일대일만남을 통하여 속회원들의 각각의 고유성, 즉 그들만의 장단점을 파악할 수 있습니다. 속회원 개개인의 특성을 파악하는 것은 속회의 운영과 속회원들의 개별적인 양육, 은사개발에 큰 도움을 줍니다. 그렇기 때문에 속회원과의 개인적인 만남은 성공적인 속회의 사역을 위해서 결코 포기할 수 없는 매우 중요한 부분입니다.

일대일만남에는 분명한 목적이 있습니다

속회원들과의 일대일 만남에는 분명한 유익이 있습니다. 속장은 일대일만남을 통하여 속회원과 목양의 관계를 분명하게 맺게 되고, 속회원은 속장으로부터 사랑과 관심을 받고 있다는 정서적인 확신을 갖게 됩니다. 만남이 지속될수록 속회사역은 더욱 견고하게 세워질 수 있습니다. 그렇다면 일대일만남을 통한 이루고자 하는 구체적인 목적은 무엇일까요?

속회원과 친밀한 관계를 맺어야 합니다.

속장과 속회원간의 일대일만남은 속회사역의 토대가 됩니다. 일대일만남을 통하여 속장과 속회원간에는 친밀한 관계, 신뢰의 토대를 구축하게 됩니다. 속회에서 나누기 어려운 속회원의 지나온 삶의 여정과 다양한 인생경험들, 신앙의 뿌리와 성향에 대해서도 자연스럽게 파악할 수 있습니다.

영적성장을 안내해야 합니다.

모든 성도들은 영적성장에 대한 기대와 꿈을 가지고 있습니다. 이러한 기대에 대하여 구체적으로 안내할 수 있는 시간이 바로 일대일만남의 시간입니다. 속장은 만남을 통하여 속회원의 영적인 상태를 파악하고 그에 대해 격려와 권면을 하게 되며, 속회원은 영적성장에 대한 도움을 요청하고 속장으로부터 실제적인 안내를 받게 됩니다.

속회에서 생긴 갈등을 해결하도록 도와야 합니다.

속회는 다양한 사람들이 함께 어우러지는 공동체입니다. 그 안에는 드러나지 않는 갈등들이 존재합니다. 속상은 일대일 만남을 통해 속회 안의 내재된 갈등이나 고충을 파악하고 또 문제를 해결할 수 있도록 노력해야 합니다.

속회원들에게 교회공동체의 비전과 사명을 심어주어야 합니다.

    속회는 교회 안의 작은 교회입니다. 속회는 교회공동체와 단절되지 않고 소통해야 합니다. 그렇기 때문에 속회는 한 몸 공동체인 교회의 사명과 비전을 반드시 공유해야 합니다. 교회공동체의 비전과 목표에 대하여 개개인의 성도들에게 강조할 수 있는 시간이 바로 일대일만남의 시간입니다.

일대일만남의 단계를 기억하십시오

만남을 위해 기도하십시오.

    속장은 속회원과의 일대일만남을 시작하기 전에 하나님께서 대화를 인도해 주시도록 기도해야 합니다. 속회원들의 삶의 상황과 영적인 상황을 분별하는 지혜를 구하고, 격려와 권면, 위로와 도전이 필요한 영역들을 보여주시기를 구체적으로 기도해야 합니다.

만남을 구체적으로 준비하십시오.

    일대일만남은 속회 밖의 사역입니다. 사적인 동호회와는 달리 영적인 가치를 가진 거룩한 사역입니다. 그렇기 때문에 사전에 대화의 초점과 목적을 고려해 만남을 철저하게 준비해야 합니다. 준비과정에서 다음의 내용들을 염두 해 두어야 합니다.

  ① 일대일만남을 가질 속회원에 대한 사전 조사
      일대일만남을 가질 속회원의 영성생활과 삶에 대한 세심한 사전조사를 해야 합니다. 속회원의 예배생활, 전도활동, 기도생활, 헌금생활, 속회 안에서의 관계 등을 면밀하게 검토한 후 이러한 근거를 토대로 하여 권면하고, 격려하며, 위로하고, 동기부여 해야 합니다.

  ② 이선 만남에서 함께 나누었던 고민과 기도의 제목을 기억하고 점검
      속회원과 이전에 개별적인 만남을 통해 나누었던 고민이나 기도했던 것들을 기억하고 점검합니다.

③ 구체적으로 나눌 대화의 핵심사항들을 준비

속장은 속회에서 함께 지내며 보았던 속회원의 모습을 떠올리며 속회원에게 칭찬할 것이나 권면할 것들을 정리해야 합니다. 더 나아가 속회원이 지향해야 하는 영적인 성장의 청사진을 제시해 줄 수 있도록 구체적으로 준비해야 합니다.

이러한 준비과정을 거쳐 일대일만남을 가진다면 갈등의 요소들은 해결되고 영적인 유익은 극대화될 수 있습니다.

상대방의 이야기를 경청하고 사랑으로 이야기 하십시오.

상대방의 이야기를 경청하는 것은 대화에 있어 매우 중요합니다. 좋은 대화를 위해서는 상대방의 말을 주의 깊게 듣고, 적절한 반응이 필요합니다. 권면과 칭찬, 격려와 위로 등의 다양한 반응들을 나타내야 합니다. 그러나 무엇보다도 중요한 것은 일대일만남에서 이루어지는 대화는 반드시 사랑을 바탕으로 해야 하며, 신뢰의 관계 속에서 진실을 말하는 것이 되어야 합니다.

대화 후에는 대화에 대하여 객관적으로 평가하십시오.

속장은 속회원과의 일대일대화를 객관적으로 평가하는 시각이 필요합니다. 왜냐하면 객관적인 진단이 이루어지지 않는다면 일대일만남과 대화가 지속적으로 이루어지기 어렵기 때문입니다.

속회 운영시 문제 해결 방법

속회를 운영할 때에 다양한 문제들이 발생합니다. 특히 속회원들을 속회에 참석하도록 하는 문제, 속회원들을 격려하는 효과적인 방법, 속회 안에서 발생하는 갈등들을 고민하게 됩니다. 이런 문제들을 효과적으로 해결하는 방법은 무엇일까요?

문제 1: 어떻게 권면해야 속회에 참석할까요?

속장으로서 속회원들이 속회에 참석할 수 있도록 권면하는 것은 쉽지 않은 일입니다. 바쁜 현대를 살아가는 이들에게 속회는 우선순위에 들지 못하는 경우가 많기 때문입니다. 그럼에도 속회에 참석할 수 있도록 권면하는 것을 포기해서는 안 됩니다. 왜냐하면 속회를 통해서 성도들은 신앙생활을 배우고 신앙의 성장과 성숙을 이루어가기 때문입니다.

그렇다면 어떻게 권면해야 할까요? 효과적인 권면을 위해선 속회에 대한 속장의 강한 확신이 필요합니다. 이를 위해서 다음의 부분들에 대한 확신을 증명할 수 있는 구체적인 간증을 준비하여 나누는 것이 매우 중요합니다.

속회는 삶의 문제가 풀려지는 곳임을 강조하십시오.

세상을 살아가는 사람들 중에 아무 문제없는 사람은 없습니다. 그러나 모두가 문제 앞에서 좌절하는 것은 아닙니다. 도리어 문제를 이기며 사는 사람들이 존재합니다. 속회는 문제 해결이 이루어지는 곳입니다. 속장은 문제를 만나게 되었을 때 온 속회원들이 함께 위로하고 붙잡아 주고 중보기도해 주는 가운데 문제를 이기게 되었던 구체적인 간증들을 확신을 가지고 소개해야 합니다.

전도서 4:9-10
9.두 사람이 한 사람보다 나음은 그들이 수고함으로 좋은 상을 얻을 것임이라 10.혹시 그들이 넘어지면 하나가 그 동무를 붙들어 일으키려니와 홀로 있어 넘어지고 붙들어 일으킬 자가 없는 자에게는 화가 있으리라

속회는 인생의 중요한 갈림길에서 지혜를 얻을 수 있는 곳임을 강조하십시오.

사람들은 중요한 결정을 내려야 하는 순간에 다른 사람들의 지혜와 경험을 참고합니다. 이러한 지혜를 모을 수 있는 곳이 속회입니다. 속회를 통하여 다른 이들의 신앙적인 분별과 실제적인 방안에 대한 지혜를 모으게 될 때 삶 속에서 실수하지 않을 수 있습니다.

잠언 15:22(새번역)
의논 없이 세워진 계획은 실패하지만, 조언자들이 많으면 그 계획이 이루어진다.

속회는 성화를 위한 상호돌봄이 일어나는 곳임을 강조하십시오.

우리가 사는 세상은 양육강식, 생존경쟁이라는 말로 표현할 수 있습니다. 실제로 곁에 있는 이들을 동료이기보다 경쟁자로서 인식하며 생활하는 경우가 많습니다. 그렇기 때문에 신앙인으로서 성경적인 가치관을 실현하며 살아가는 것은 더욱 힘들고 어려운 일입니다. 바로 이러한 순간에 우리 자신의 연약함과 상처와 아픔을 내어 놓고 서로를 위로하고 지탱하며 세워줄 수 있는 곳이 바로 속회입니다. 사람들과 함께 삶을 나누고 기도하면서 아픔과 상처는 치유 받고, 더 나아가 예수님의 장성한 분량까지 성장해 가도록 도움을 주는 곳이 속회입니다.

잠언 27:17(새번역)
쇠붙이는 쇠붙이로 쳐야 날이 날카롭게 서듯이, 사람도 친구와 부대껴야 지혜가 예리해진다.

문제 2: 속회원들을 어떻게 격려해야 할까요?

사람들에게는 누구나 인정받고 싶어 하는 욕구가 있습니다. 이것은 신앙인에게도 예외가 아닙니다. 그런데 어떻게 격려해야 할지 방법은 잘 모르는 경우가 많습니다. 힘겨워하고 있는 속회원들을 어떻게 격려해야 할까요?

속회원의 장점을 찾아 칭찬하고 허물은 덮어주어야 합니다.
격려를 위해선 상대방의 장점을 칭찬하는 것에서부터 출발해야 합니다. 작은 장점이라도 찾아서 칭찬하면 속회원은 자신감을 갖게 되고 더욱 노력하게 됩니다. 반면에 허물이 있다면 누구나 실수하기 마련이고 결점이 있음을 인정하며 덮어주어야 합니다.

상대방의 입장에 서서 이해해 주어야 합니다.
격려를 위해선 상대방의 감정에 민감하게 반응해야 합니다. 자신의 감정에 따라 행하는 격려는 도리어 오해와 갈등을 불러일으킬 수 있습니다. 속장은 상대방의 입장에서 격려하도록 해야 합니다. 나를 기쁘게 하고 편안하게 하는 것이 아니라 상대방을 기쁨과 평안으로 이끌어야 합니다. 또한 내가 선호하는 방식이 아닌 상대방이 기뻐할 수 있는 방식으로 격려하는 것도 중요합니다.

> 요한복음 13:13-15
> 13.너희가 나를 선생이라 또는 주라 하니 너희 말이 옳도다 내가 그러하다 14.내가 주와 또는 선생이 되어 너희 발을 씻었으니 너희도 서로 발을 씻어 주는 것이 옳으니라 15.내가 너희에게 행한 것 같이 너희도 행하게 하려 하여 본을 보였노라

상대방의 이야기를 들어 주십시오.
대부분 격려 받고 싶어 하는 이들은 문제에 대한 해결책이 아니라 감정을 이해해 주고 마음을 헤아려 주기를 기대합니다. 그럼에도 대부분의 사람들은 해결책만

제시하려고만 합니다. 그러나 중요한 것은 상대방에 대한 경청의 자세입니다. 여기서 경청이란 상대방을 판단하지 않고 그 느낌과 감정, 상황을 이해하는 것을 의미합니다. 속장은 속회원이 자기가 충분히 받아들여졌다고 느낄 때까지 그냥 들어주고 이해하는 것이 필요합니다.

보이지 않는 마음을 구체적인 행동으로 표현하십시오.
격려는 이해를 넘어 행동하는 것입니다. 행동의 방법은 다양합니다. 작은 카드에 손글씨로 메시지를 적어 보내 줄 수도 있고, 카카오 톡과 같은 메신저를 통해 마음을 전할 수도 있을 것입니다. 함께 시간을 내어 자연의 아름다움을 만끽하는 것도 중요한 격려의 방법입니다.

문제 3: 속회 안의 갈등을 어떻게 해결해야 할까요?

속회는 여러 다양한 신앙의 수준과 성향을 가진 사람들이 함께 하는 공동체입니다. 그래서 갈등이 생기기 마련입니다. 갈등의 문제를 지혜롭게 풀기 위해선 어떤 원칙을 가져야 할까요?

속회 안에서 발생한 갈등은 반드시 속회 안에서 해결해야 합니다.
속회 안에서 발생하는 갈등은 철저하게 속회 안에서 해결되어야 합니다. 진리의 말씀 앞에서 각자의 삶을 나누다 보면 말씀 앞에서 내적인 갈등이 일어나기도 하고, 때로는 개인적인 성향들로 인해 관계적인 갈등이 일어나기도 합니다. 이러한 갈등이 발생할 때에 목회자와 상의하며 반드시 속회 안에서 해결되도록 해야 합니다.

속장은 갈등의 본질을 분명하게 확인해야 합니다.
속장은 속회원들간의 표면적인 갈등이 아니라 내면의 갈등의 원인과 실체를 분별할 수 있어야 합니다. 그래서 직면한 갈등이 비판과 정죄로 끝맺어지는 것이 아니라 각자의 마음의 '쓴 뿌리'들을 해결하는 기회가 되도록 힘써야 합니다.

속장은 갈등을 해결하는 과정에서 지속적으로 속회원들을 격려해 주어야 합니다. 갈등의 문제들 이면에 있는 각자의 깊은 감정들이 드러나도록 해야 합니다. 서로의 깊은 감정들이 솔직하게 드러나게 되면, 표출된 갈등의 본질이 명확하게 드러나기 때문입니다.

속장은 갈등해결의 결과가 아닌 과정에 집중해야 합니다.

속장은 결과에 초점을 두기보다는 속회원들 사이에 상호책임성을 강조하여 해결의 과정에 초점을 맞추도록 해야 합니다. 해결의 과정 가운데 속회원들은 서로 존중하고 사랑 안에서 진실을 이야기해야 합니다. 그리고 각자의 마음을 열어 서로의 말을 진심으로 듣도록 권고해야 합니다. 이때 속장은 평신도 사역자로서의 영적 권위를 세워 후속조치와 상호 책임의 과정을 제시해야 합니다.

갈등해결에는 충분한 시간이 필요함을 기억하고 서두르지 마십시오.

갈등의 해결에는 충분한 시간이 필요합니다. 갈등으로 인해 틀어진 사람과의 관계나 하나님과의 관계가 복원되기 위해서는 생각보다 긴 시간이 소요됩니다. 속장은 속회 내의 갈등과 긴장을 인정하고 용납하면서, 갈등의 당사자들이 갈등의 문제와 대상을 바라보는 것이 아니라 하나님과의 친밀한 교제를 회복할 수 있도록 일대일 상담과 대화를 통하여 지혜롭게 권면해야 합니다.

나눔

1. 속회모임을 통해서 새롭게 변화된 삶의 부분이 있다면 무엇입니까? 서로 나누어보시기 바랍니다.

2. 속회 밖에서 일대일로 상담하면서 경험했던 유익이 있습니까? 서로 나누어 보시기 바랍니다.

Chapter 08
속장의 삶

생각하기

바람직한 부모의 모습에 대한 생각을 함께 나누어 봅시다.

_____
_____
_____
_____

　우리의 삶 속에서 중요한 것은 정체성(Identity)입니다. 정체성은 사역의 성패를 좌우합니다. 예를 들면 군인정신이 투철한 군인이 있어야 전쟁에서 승리할 수 있고, 의사로서의 바른 정체성을 가지고 있어야만 생명의 가치를 존중하고 생명을 살릴 수 있습니다. 그렇다면 속장은 누구이며 어떤 정체성을 가지고 있어야 할까요?

속장의 정체성

주님을 사랑하는 자입니다

요한복음 21:15
그들이 조반 먹은 후에 예수께서 시몬 베드로에게 이르시되 요한의 아들 시몬아 네가 이 사람들보다 나를 더 사랑하느냐 하시니 이르되 주님 그러하나이다 내가 주님을 사랑하는 줄 주님께서 아시나이다 이르시되 내 어린 양을 먹이라 하시고

예수님께서는 부활하신 후 디베랴 호숫가에서 고기를 잡고 있는 베드로를 찾아가셨습니다. 그리고 베드로에게 양을 돌보는 목자의 사명을 주셨습니다. 그 때 예수님께서는 베드로에게 "네가 이 사람들보다 나를 더 사랑하느냐"고 질문하셨습니다.

예수님께서는 베드로에게 사명을 주시면서 양을 돌볼 수 있는 지혜와 능력, 목자의 사명에 대한 사모함, 하나님께서 맡겨주실 양들을 얼마나 사랑하는지에 대한 마음을 요구하지 않으셨습니다. 무엇보다 먼저 주님을 사랑하는 자가 되기를 요구하고 계십니다. 예수님께서 맡겨주신 양을 돌보는 목자로서의 사명을 감당하기 위해서는 다른 무엇보다 주님을 사랑하는 자가 되어야 하기 때문입니다.

속장은 하나님께서 주신 양들을 돌보는 목자의 사명을 부여 받은 사명자입니다. 이것이 바로 속장의 정체성입니다. 그렇기 때문에 주님의 사명을 감당하는 사명자들은 내가 하나님을 사랑하는 자인지를 끊임없이 점검해야 합니다.

목회의 동역자입니다

에베소서 4:11-12
11.그가 어떤 사람은 사도로, 어떤 사람은 선지자로, 어떤 사람은 복음 전하는 자로, 어떤 사람은 목사와 교사로 삼으셨으니 12.이는 성도를 온전하게 하여 봉사의 일을 하게 하며 그리스도의 몸을 세우려 하심이라

속회가 교회 안의 작은 교회라면 속장은 작은 교회의 목회자로 정의할 수 있습니다. 다른 한편으로는 '교회 안의' 라는 의미 속에서 전체 교회 공동체와 함께 하는 목회의 동역자로 정의할 수 있습니다. 속장은 전체 교회의 목회를 돕는 동역자입니다. 이러한 목회의 동역자인 속장들에게 요구되는 세 가지의 태도가 있습니다.

가치관과 사역의 방향이 일치해야 합니다.
교회공동체의 담임목회자의 비전과 사역의 방향과 가치관이 속장들의 비전과 사역의 방향과 반드시 일치되어야 합니다.

유기적인 호흡이 맞아야 합니다.
담임목회자가 전체적인 목회의 방향을 제시하고 독려할 때 속장은 속회가 한마음 한 뜻이 되어 유기적으로 움직이도록 해야 합니다. 반드시 전체 교회의 방향과 일치되어야 합니다.

동역자로서의 각자 맡겨주신 사명을 잘 감당해야 합니다.
동역자로서 자신의 역할들을 잘 감당해야 합니다. 합력하여 아름다운 선을 이루도록 해야 합니다.

그리스도의 일꾼입니다

골로새서 1:22-25

22.이제는 그의 육체의 죽음으로 말미암아 화목하게 하사 너희를 거룩하고 흠 없고 책망할 것이 없는 자로 그 앞에 세우고자 하셨으니 23.만일 너희가 믿음에 거하고 터 위에 굳게 서서 너희 들은 바 복음의 소망에서 흔들리지 아니하면 그리하리라 이 복음은 천하 만민에게 전파된 바요 나 바울은 이 복음의 일꾼이 되었노라 24.나는 이제 너희를 위하여 받는 괴로움을 기뻐하고 그리스도의 남은 고난을 그의 몸된 교회를 위하여 내 육체에 채우노라 25.내가 교회의 일꾼 된 것은 하나님이 너희를 위하여 내게 주신 직분을 따라 하나님의 말씀을 이루려 함이니라

그리스도의 일꾼이라는 말에는 두 가지 의미가 담겨 있습니다. 첫째는 '그리스도의'에 담겨 있는 의미로서 이것은 '소속'과 관련된 것입니다. 속장은 그리스도에게 속한 자로서 그리스도의 명령에 순종해야 하며 세상의 소리, 세상의 판단에 흔들려서는 안 됩니다. 둘째는 '일꾼'이라는 말에 담겨 있는 의미로서 이것은 '사명'과 관련된 것입니다. 속장은 일꾼으로서 감당해야 하는 사명이 있으며 맡겨주신 사명을 위해 최선을 다해야 합니다.

하나님께서는 성도들을 하나님의 자녀(롬8:16, 요1:12, 요일5:2)라고만 말하지 않고 그리스도의 일꾼(골1:23, 25)이라고 말하셨습니다. 속장은 하나님의 자녀로서 은혜 안에 머물며 하나님과의 친밀한 교제를 나누는 동시에 그리스도의 일꾼으로서 사명을 감당해야함을 기억해야 합니다.

하나님의 비밀을 맡은 자입니다

고린도전서 4:1

사람이 마땅히 우리를 그리스도의 일꾼이요 하나님의 비밀을 맡은 자로 여길지어다

속장은 하나님의 비밀을 맡은 자입니다. 하나님의 비밀은 영적 세계의 것이며 하나님을 알아야만 알 수 있는 것입니다. 맡은 자는 관리자라는 뜻이며 거기에는 책임이 부여됩니다. 전하고 가르칠 책임입니다. 속장은 하나님의 비밀을 맡고 있는 자로서 다른 이들에게 하나님의 비밀을 전하고 가르칠 책임이 있는 사명자입니다. 이것이 속장의 정체성입니다. 속장은 속회 안에서 가르치고 전해야 되는 사명을 이루어 가는 사람들입니다.

속장의 역할

속장의 역할은 속회가 무엇인지 살펴보면 쉽게 알 수 있습니다.

속회	속장	속장의 사명
'교회 안의 작은 교회'	목회자	맡겨진 속회원들이 주님 앞에 설 때 칭찬 듣도록 격려하고 권면하며 이끄는 사명
'가정으로서의 속회'	부모	맡겨진 속회원들의 영적인 필요와 삶의 필요를 채우는 사명 : 돌봄 (보호와 인도)
'병원으로서의 속회'	의사	맡겨진 속회원들의 삶과 영혼의 문제들을 함께 해결하는 사명 : 치유와 회복
'학교로서의 속회'	선생님	맡겨진 속회원들이 그리스도의 장성한 분량까지 성장하도록 이끄는 사명: 제자화(모델링, 교육, 권면)

목회자로서의 역할입니다

목회란 무엇일까요? 다양한 정의들이 있겠지만 크게 두 가지로 정리할 수 있습니다.

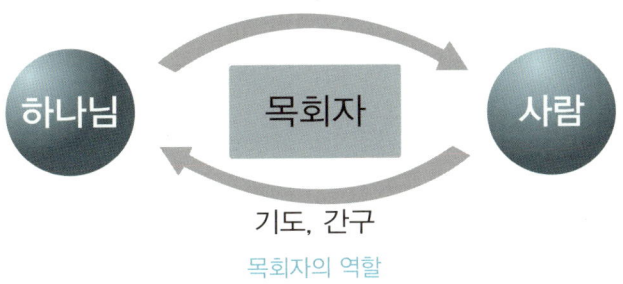
목회자의 역할

첫째, 목회는 성도들을 주님 앞에 설 때에 칭찬 듣는 자로 이끄는 것입니다. 목회자의 사명은 성도들이 거룩한 삶을 살도록 이끌고 하나님이 기뻐하시는 일들에 동참함으로 상급을 받을 수 있도록 해주어야 합니다. 삶의 여러 가지 문제로, 신앙의 나태함으로 넘어지고 잠든 이들을 일으켜 세우는 것입니다.

둘째, 목회는 하나님과 사람 사이에서 서는 것입니다. 하나님께는 사람들의 상황을 기도와 간구로 대변하고, 사람들에게는 하나님의 말씀을 전하고 가르치는 것입니다. 다시 말하면 목회자란 하나님과 사람들을 소통하게 하는 '전달자'이며, 하나님과 사람들의 관계를 가깝게 하는 '화해자'로서의 사명을 감당하는 자입니다.

정리해본다면 속장에게 목회자로서의 사명이 있다는 의미는 성도들을 주님 앞에 칭찬 듣는 자로 설 수 있도록 권면하고 격려하여 주님이 기뻐하시는 사명을 감당하게 해야한다는 것입니다. 또한 성도들의 아픔과 상처들을 하나님께 간구하고 성도들에게는 말씀을 전하고 가르치며 하나님께 더 가까이 나아가도록 이끌어야 합니다.

부모로서의 역할입니다

부모가 자녀를 양육할 때에 해야 하는 역할들이 있습니다. 마찬가지로 영적인 부모가 맡겨진 자녀들에게 해야 하는 중요한 것들이 있습니다.

속회원들을 사랑과 용납의 마음으로 양육해야 합니다.

자녀를 무조건적인 사랑으로 품어주는 부모의 마음으로 속회원들을 사랑과 용납의 마음으로 대해 주어야 합니다.

속회원들에게 상황에 맞는 영적 공급을 책임져 주어야 합니다.

자녀들의 성장의 수준에 따라서 모유, 이유식, 죽, 밥을 먹이는 것처럼 속회원의 영적인 수준을 파악하여 그에게 맞는 영적인 양식을 공급해 주어야 합니다.

속회원들을 보호해 주어야 합니다.

부모는 자녀들을 외부의 공격과 위험으로부터 보호합니다. 마찬가지로 속장은 속회원들을 영적 공격으로부터 지키고 영적필요와 삶의 필요를 채움으로 세심하게 보살펴야 합니다.

속회원들을 격려해 주어야 합니다.

자녀들은 부모의 말을 먹고 성장합니다. 속장은 속회원들이 그리스도의 장성한 분량까지 성장해 갈 수 있도록 격려와 위로와 동기부여의 말을 해 주어야 합니다.

의사로서의 역할입니다

좋은 의사는 환자의 상태를 바르게 진단하고 효과적인 처방을 하며, 지속적인 관리를 해줍니다.

속회원들의 상태를 바르게 판단하고 분별해야 합니다. (진단)

개인적인 신앙생활뿐만 아니라 속회원들 사이의 관계, 가정의 형편과 영적인 상황 등에 대하여 세심하게 관심하며 살피고 바르게 진단할 수 있어야 합니다.

속회원들에게 영적인 해법을 주어야 합니다. (처방)
바른 진단의 토대 위에서 영적인 문제들의 바른 해결책을 제시하여 속회원들이 완전한 회복을 이룰 수 있도록 도움을 주어야 합니다.

속회원들을 지속적으로 관리해 주어야 합니다. (관리)
속회원들이 회복과 치유 이후에 같은 문제로 인해 어려움에 빠지지 않도록 지속적으로 관리해 주어야 합니다.

속회원들의 상태에 대한 속장의 바른 진단과 처방, 그리고 지속적인 관리가 이루어질 때 속회는 더욱더 영적인 건강을 유지할 수 있게 됩니다.

교사로서의 역할입니다

속회원들에게 지식을 전달해 주어야 합니다.
속장은 속회원들에게 하나님의 말씀에 관한 지식, 예배와 기도에 대한 지식, 신앙생활에 대한 방법들, 하나님이 기뻐하시는 삶에 대해서 구체적으로 보여주며 가르쳐 주어야 합니다.

속회원들에게 훈계와 책망을 통해 바른 길을 가게 해야 합니다.
영적인 교사로서 속장은 영적인 배움의 과정에서 일탈하고, 믿음의 길에서 벗어난 속회원들에게 잘못된 것을 일깨워주고 교정해 주는 역할을 해야 합니다. 훈계와 책망을 통하여 속회원들이 성화의 길을 걸어갈 수 있도록 도움을 주어야 합니다.

속회원들의 신앙의 성장을 위해서 지속적인 동기부여를 해 주어야 합니다.

속장은 속회원들에게 영적인 목표와 비전을 제시해 주어야 합니다. 목표와 비전 제시를 통하여 성장에 대한 동기부여를 일으키고 실제적인 성장을 이룰 수 있도록 해야 합니다.

속장은 여러 역할들을 맡을 때 기억해야 할 것이 있습니다. 속장의 역할을 혼동해서는 안 된다는 것입니다. 영적으로 아이의 수준에 있는 속회원을 대할 때 부모가 아닌 교사로 대하거나, 혹은 여러 가지 영적인 질병으로 인해서 치유와 회복이 필요한 속회원에게 의사가 아닌 부모로서 다가가 적절한 해법대신에 위로와 격려만을 해서는 안 된다는 것입니다.

속장은 속회원의 상황에 따라서 때로는 의사로, 때로는 부모로, 때로는 교사로서 각각 다른 역할을 감당해야 합니다. 속장은 상황에 따른 바른 역할을 감당할 수 있도록 늘 성령의 지혜를 구해야 하는 동시에 속회원들에게 대한 세심한 관심을 가지고 있어야 합니다.

속장의 자질

분명한 사명감을 가지고 있어야 합니다

속장에게 있어서 분명한 사명감은 중요한 것입니다. '속장을 왜 해야 하는가?' '하나님께서 나를 속장으로 부르신 것을 확신하는가?'를 분명하게 살펴야 합니다. 분명한 사명감이 없는 속장은 형식적인 속회를 만드는 원인이 됩니다. 속장은 자기에게 맡겨준 영혼을 돌보고 이끌어야 하는데 사명감이 없는 속장은 이러한 사닝을 회피해 버립니다. 속장의 사명의식에 따라서 속회는 달라집니다.

성경에 대한 지식을 가지고 있어야 합니다

　속장은 속회원들에게 삶을 가르치고, 말씀과 신앙생활을 가르칩니다. 그런데 속장 자신이 성경에 대한 지식이 없으면 속회원들에게 바른 말씀을 가르칠 수 없습니다. 속장은 적어도 속회원들보다는 성경에 대한 지식이 많아야 합니다. 그래야만 속회원들이 속장을 신뢰하게 되고 자연스럽게 속장에게 권위가 주어지게 됩니다.

속회원들의 신앙성장을 이끌어주어야 합니다

　속장은 속회원의 신앙성장을 위한 동기부여를 해줄 수 있어야 합니다. 왜냐하면 영적인 성장에 있어서 동기부여는 필수적인 것이기 때문입니다. 성도들에게 꿈을 꾸게 하고, 목표를 제시하며, 잠에서 깨어 일어나게 해야 합니다. 동기부여를 위해서 속장은 속회원들보다 한걸음 앞에 서 있어야 합니다. 너무 앞에 서 있으면 속회원들이 따라올 수 없습니다. 자녀의 걸음마 연습을 시켜주는 어머니의 마음으로 한발 앞서 동기부여를 해주는 것이 속장이 갖추어야 할 중요한 자질입니다.

　또 속장은 속회원의 신앙성장을 위해서 견책(見責)할 수 있는 담대함을 가지고 있어야 합니다. 견책이란 '보고 꾸짖는 것'입니다. 속회원들이 잘못된 삶을 살아갈 때 꾸짖을 수 있는 담대함을 가지고 있어야 합니다. 그러기 위해서는 두 가지를 갖추어야 합니다. 하나는 잘못을 규정할 수 있는 분명한 기준입니다. 그것은 바로 말씀입니다. 또 하나는 속장이 먼저 바른 삶을 살고 있어야 합니다. 자신은 바른 삶을 살지 못하면서 속회원들을 견책할 수는 없기 때문입니다.

사랑과 인내의 마음을 가지고 있어야 합니다

앞서 설명한 견책이나 훈계는 정죄와 비난과는 분명 다른 것입니다. 참된 견책과 훈계는 사랑과 인내의 마음에서 이루어지는 것이기 때문입니다. 속장은 결코 판사가 아닙니다. 잘잘못을 따지고 판단하는 사람이 아니라 잘못을 깨닫고 하나님의 사랑을 느껴 스스로 바로 설 수 있도록 도움을 주는 것입니다. 속장은 반드시 속회원들을 향한 사랑과 인내의 마음을 소유할 수 있도록 힘써야 합니다.

교회를 향한 협력의 마음을 가지고 있어야 합니다

속장은 속회 안에서 목회자로서의 자율권을 갖습니다. 예를 들면 속회의 장소와 시간, 속회의 나눔 시간의 정도, 속회 후의 식사 여부 등에 관하여 자율권을 가지고 있습니다. 그러나 이러한 자율권에는 분명한 책임이 있습니다. 하나는 속회 사역은 언제나 교회의 방향과 일치해야 하는 것이고, 다른 하나는 속회의 사역이 목회자의 지도 아래에 있어야 한다는 것입니다. 속장은 속회 사역에 있어서 언제나 교회와 목회자에게 중심축을 두어야만 합니다.

이러한 속장의 자질에 대한 여러 가지 의미들을 아래의 그림으로 설명할 수 있습니다.

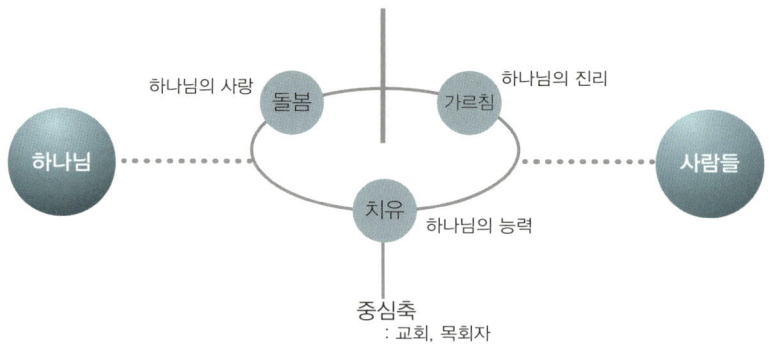

바람직한 속회 사역의 모습

그림의 중앙에 있는 세 개의 원은 부모로서의 돌봄과 의사로서의 치유와 교사로서의 가르침으로 속장의 사명입니다. 이런 일들을 잘 감당하기 위해서 부모에게는 하나님의 사랑이, 의사에게는 하나님의 능력이, 교사에게는 하나님의 진리가 필요합니다. 세 개의 원이 바로 돌기 위해서는 중심축이 바로 서야 합니다. 중심축은 교회와 목회자입니다.

하나님과 사람 사이에 위치하여, 교회와 목회자를 중심으로, 돌봄과 치유와 가르침을 원활하게 하는 것이 속회의 사명입니다. 만약 중심축을 벗어나면 교회의 연합을 방해할 수 있으며 중요한 사명을 해낼 수 없습니다.

속장의 자기관리

정기적으로 말씀묵상을 해야 합니다

디모데후서 2:15
너는 진리의 말씀을 옳게 분별하며 부끄러울 것이 없는 일꾼으로 인정된 자로 자신을 하나님 앞에 드리기를 힘쓰라

속장이 정기적인 말씀생활을 해야 하는 데는 분명한 이유가 있습니다. 첫째로 말씀은 영의 양식이기 때문입니다. 말씀을 공급받아야 힘을 얻어 사명을 감당할 수 있습니다. 둘째로 말씀은 방향을 제시하기 때문입니다. 말씀은 이정표입니다. 말씀을 통해서 방향이 정해질 때 나아갈 수 있습니다. 셋째로 말씀은 지식이기 때문입니다. 속회원들을 가르치기 위해서는 반드시 말씀에 대한 지식을 채워 넣어야 합니다.

시편 119:105
주의 말씀은 내 발에 등이요 내 길에 빛이니이다

기도를 생활화해야 합니다

야고보서 5:17
엘리야는 우리와 성정이 같은 사람이로되 그가 비가 오지 않기를 간절히 기도한즉 삼 년 육 개월 동안 땅에 비가 오지 아니하고

속장은 반드시 기도를 생활화해야 합니다. 기도가 능력이기 때문입니다. 사명은 기도를 통해 얻어지는 능력으로 감당할 수 있기 때문입니다. 또 기도는 하나님과의 소통입니다. 기도를 통해 하나님과 대화하며 하나님의 뜻과 마음을 알 수 있습니다. 속장은 속회에서 영혼들을 위해 중보기도하고, 진단하고, 바르게 가르치기 위해서 반드시 기도해야 합니다.

거룩에 대한 열망을 가지고 있어야 합니다

거룩은 삶의 변화입니다. 속장은 속회원들 앞에 부끄러운 모습으로 서서는 안 됩니다. 거룩한 삶을 꿈꿀 때 기억해야 할 것이 있습니다.

하나님의 주권을 인정해야 합니다.
하나님이 내 인생의 주인임을 잊지 말아야 합니다.

레위기 11:45
나는 너희의 하나님이 되려고 너희를 애굽 땅에서 인도하여 낸 여호와라 내가 거룩하니 너희도 거룩할지어다

성경적인 가치관을 가지고 살아야 합니다.

하나님의 관점에서 정의와 불의, 복과 저주를 구분하며 살아가야 합니다.

디모데전서 6:11
오직 너 하나님의 사람아 이것들을 피하고 의와 경건과 믿음과 사랑과 인내와 온유를 따르며

성경적인 기준을 가지고 살아가야 합니다.

속장은 반드시 성경적인 기준을 가지고 분별하면서 언제나 바른 선택을 하는 삶을 살아가야 합니다.

디모데후서 3:16-17
16.모든 성경은 하나님의 감동으로 된 것으로 교훈과 책망과 바르게 함과 의로 교육하기에 유익하니 17.이는 하나님의 사람으로 온전하게 하며 모든 선한 일을 행할 능력을 갖추게 하려 함이라

영혼에 대한 관심을 가지고 있어야 합니다

영혼구원은 하나님의 기쁨입니다. 하나님의 소원을 만족하게 하는 방법은 영혼을 구원하는 것입니다. 속회는 영혼을 구원하는 곳, 영혼이 회복되어지는 곳이 되어야 합니다. 그리고 속장은 영혼구원에 대한 관심을 가지고 있어야 합니다.

디모데전서 2:4
하나님은 모든 사람이 구원을 받으며 진리를 아는 데에 이르기를 원하시느니라

속장의 상급

직분과 사명에 대해서 부담을 느끼는 이들이 많습니다. 그러나 사명은 축복입니다. 사명이 축복이 되는 이유는 세 가지가 있습니다.

첫째는 부족한 나를 사용하시기 때문입니다. 여러 가지 모양으로 부족하고 연약한 나를 사용해 주시기 때문에 축복입니다. 둘째는 하나님께서 나를 사용하시기 위해서 은혜를 부어주시고 사명을 감당할 수 있도록 능력을 주시기 때문입니다. 셋째는 하나님께서는 충성할 때 상급을 주시기 때문입니다. 쓰임 받지 못한 자에게 상급은 없습니다.

사명을 감당할 수 있는 기회가 내게 주어진 것은 축복의 시작입니다. 사명을 감당하기 위해 충성함으로 얻는 상급은 축복의 결과입니다. 사명은 축복입니다.

속회사역의 사명을 위해 부름 받은 속장에게도 하나님께서 약속하시는 분명한 상급이 있습니다. 그 상급이 무엇인지 구체적으로 살펴보겠습니다.

영광의 면류관을 얻게 됩니다

베드로전서 5:3-4

3.맡은 자들에게 주장하는 자세를 하지 말고 양 무리의 본이 되라 4.그리하면 목자장이 나타나실 때에 시들지 아니하는 영광의 관을 얻으리라

양 무리의 본이 되어 사역을 감당하면 예수님께서 시들지 않는 영광의 관을 상급으로 주신다고 약속하고 있습니다.

주인의 즐거움에 참여하게 됩니다

마태복음 25:21
그 주인이 이르되 잘하였도다 착하고 충성된 종아 네가 적은 일에 충성하였으매 내가 많은 것을 네게 맡기리니 네 주인의 즐거움에 참여할지어다 하고

하나님의 즐거움에 함께 하는 것이 상급입니다. 잔치의 자리에 이방인이 아니라 주인공으로 함께 서는 것입니다. 하나님의 기쁨이 무엇인지 알고, 그 곳에서 나누는 대화가 무엇인지 알 수 있도록 해 주신다는 것입니다.

하나님께서 인정해 주시고 기억해 주십니다

다니엘서 12:3
지혜 있는 자는 궁창의 빛과 같이 빛날 것이요 많은 사람을 옳은 데로 돌아오게 한 자는 별과 같이 영원토록 빛나리라

하나님은 사명자를 인정해 주시고 기억해 주십니다. 성경은 "별과 같이 영원히 빛나리라"고 표현합니다. 여기서 영원히 빛나는 삶은 누구에게 주어집니까? 많은 사람을 옳은 데로 돌아오게 한 자입니다. 하나님이 원하시는 영혼구원의 사명을 잘 감당하는 사명자들에게 하나님은 영원히 빛나는 영광을 주신다고 약속하십니다.

현재의 삶에서 받는 상이 있습니다

디모데전서 3:13
집사의 직분을 잘한 자들은 아름다운 지위와 그리스도 예수 안에 있는 믿음에 큰 담력을 얻느니라

집사는 사역을 위해 세움 받은 사람입니다. 즉 사명자입니다. 성경은 사명자들에게 아름다운 지위와 그리스도 예수 안에 있는 믿음의 큰 담력을 얻게 된다고 약속합니다. 아름다운 지위와 큰 담력은 사명자에게 주시는 현재의 상급입니다.

나눔

1. 오늘 예수님이 다시 오신다면 나는 칭찬을 들을까요? 아니면 책망 받을까요? 서로 이야기해 보시기 바랍니다. 그리고 칭찬을 듣는다면 어떤 면에서, 책망을 듣는다면 어떤 면에서 책망을 들을까요?

   _____

   _____

   _____

2. 미래의 속장으로서 각자가 준비해야 할 부분들이 무엇인지 함께 나누어 보기 바랍니다.

   _____

   _____

   _____

Chapter 09

속회와 교회사역

생각하기

우리 교회의 자랑을 서로 나누어 보시기 바랍니다.

홀로 신앙생활을 하는 성도들은 인생의 어려움과 다양한 시험을 만나게 될 때 쉽게 흔들리고 넘어지며 영적성장에도 어려움이 있습니다. 반면에 속회공동체 안에서 신앙생활을 하는 성도들은 동일한 상황을 맞이해도 서로 붙잡아 주고, 가르쳐 주고, 이끌어 주기 때문에 위기를 극복할 수 있고, 더불어 영적인 성장도 이룰 수 있습니다.

바람직한 교회의 모습은 성도들이 공동체 안에서 홀로 존재하는 것이 아니라 속회 안에서 다른 성도들과 함께 신앙생활을 하며 성장해 가는 것입니다.

아래의 그림에서 건강하지 못한 교회의 성도들은 교회 안에서 각자 생활합니다. 반면 건강한 교회는 친밀한 관계를 유지하는 속회 공동체에 편성되어 존재합니다.

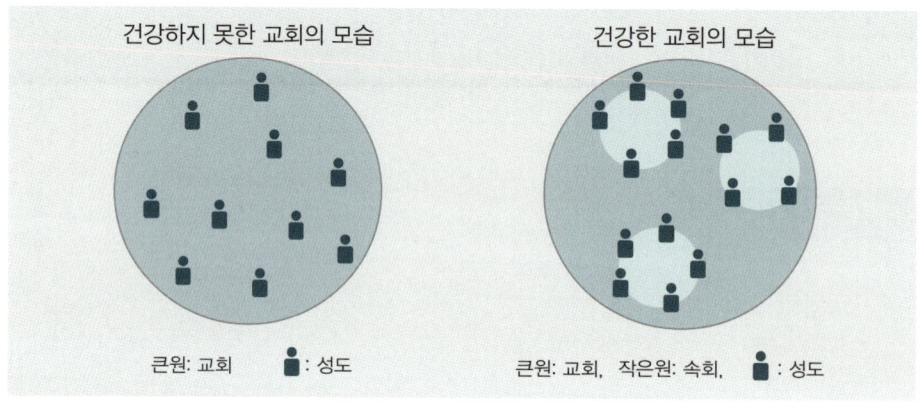

건강한 교회와 건강하지 못한 교회

속회는 교회를 견고하게 세워갈 수 있는 작은 교회입니다. 속회가 교회 사역에 동참하게 될 때 속회가 지닌 교회로서의 사명을 이루어 갈 수 있습니다. 그렇다면 속회의 교회사역은 어떻게 해야 할까요?

속회의 균형 유지

속회 사명의 균형을 유지해야 합니다

속회는 두 가지 중요한 사명을 가지고 있습니다. 하나는 성화의 도구로서의 사명이며 다른 하나는 교회 안의 작은 교회로서의 사명입니다. 성화의 도구로서의 사명이 성도들의 영적성장을 위한 역할이라면 교회 안의 작은 교회로서의 사명은 교회 공동체와의 유기적 관계 속에서 사명을 이루기위한 역할이라고 할 수 있습니다.

속회는 성도들의 성장을 위해 존재함과 동시에 교회의 사역을 돕기 위해서 존재합니다. 이것을 속회의 두 기둥으로 이해할 수 있습니다.

균형잡힌 속회의 모습

속회의 두 가지 사명에 대한 집중도에 따라서 속회의 모습을 두 가지로 나눌 수 있습니다.

양육형 속회입니다

양육형 속회는 교회의 사역 지원보다는 성도의 성장에 집중하는 속회입니다. 성도의 개인적인 상황에 관심 갖고 삶의 필요를 채우고, 속회예배와 말씀공부, 친밀한 교제를 통하여 성도들의 성장에 집중하는 속회입니다.

많은 현대 교회들이 양육형 속회에만 치우치게 되면서 몇 가지의 문제점을 낳았습니다. 속회가 사명의 균형을 잃고 성도의 성장에만 집중하게 되면서 교회는 별도의 조직을 세워 사명을 감당하게 하였습니다. 때문에 사역 역량이 분산되었고 효과적인 사역을 이루지 못하는 문제들이 발생하였습니다.

기능형 속회입니다.

기능형 속회는 성도의 성장보다는 교회의 사역지원에 집중되는 속회입니다. 일례로 교회학교 교사속, 찬양대속, 제단장식부속 등 사역을 중심으로 속회를 편성하여 원활한 교회사역이 이루어지도록 하였습니다. 그러나 기능형 속회로 치우치게 되면서 문제점이 드러났습니다. 교회 사역의 지원은 원활하게 되었지만 반면에 성도들의 삶의 정황과 필요들을 채우지 못하고 단지 관리형 조직으로 머물게 된 것입니다.

따라서 속회는 양육형 속회로서 성도들의 성장을 이루는 것뿐만 아니라 기능형 속회로서 교회사역을 지원하며 동참해야 합니다. 속장은 이러한 균형감각을 가지고 사역에 임해야 합니다.

속회 역할의 균형을 유지해야 합니다

속회의 역할을 다음의 그림으로 설명할 수 있습니다.

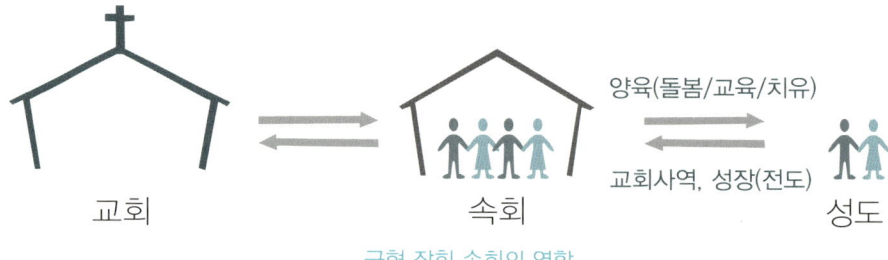

균형 잡힌 속회의 역할

속회는 성화의 도구로서 성도들의 성화를 위해 잘 양육해야 합니다. 가정의 사랑으로 돌보고, 학교로서 말씀을 가르치며, 병원으로서 문제를 치유하는 역할을 감당해야 합니다. 이러한 역할들을 감당하기 위해서는 속회원들에 대한 지속적인 관심과 신뢰가 요구됩니다. 속회는 교회 안의 작은 교회로서 성도들이 교회사역에 동참할 수 있도록 해야 합니다. 구원의 방주로서 영혼을 구원하는 일과 세상의 등대로서 사랑과 구제의 사명의 감당해야 합니다. 이러한 역할들을 감당하기 위해서는 교회 사역에 대한 지속적인 관심과 동기부여가 필요합니다.

이 두 가지의 역할이 반드시 균형을 이루며 속회 안과 밖에서 역동적으로 움직일 때 건강한 속회, 건강한 교회를 이루어 갈 수 있습니다.

성도를 위한 사역

성도들의 성장을 위한 양육사역

속회 안에서 양육의 사역을 왜 해야 할까요? 목적은 무엇일까요? 이유는 성도의 신앙성장을 위해서입니다. 속회는 성도의 신앙성장을 위한 성화의 도구로서 성도들이 그리스도의 장성한 분량까지 성장할 수 있도록 양육사역을 힘써 감당해야 합니다.

그렇다면 속회는 어떻게 성도들을 위한 양육사역을 감당해야 해야 할까요? 속회가 실천해야 하는 양육사역의 내용은 기능적인 속회의 사명과 밀접한 관계를 갖고 있습니다.

속회는 영적인 가정으로서 성도들의 영적인 삶과 삶의 필요를 채우며 돌보아 주어야 합니다. 이를 위해서 속회원들의 가정 형편을 세심하게 살펴야 합니다. 이사와 질병, 취업과 경조사 등 다양한 부분에 관심을 가져야 합니다.

병원으로서 속회는 삶의 아픔과 상처들을 치유해야 합니다. 신뢰의 관계 속에서 아픔과 상처가 드러나고, 그것들이 치유될 수 있도록 기도하며 해결을 위해 노력해야 합니다. 성화의 길에서 벗어난 낙심자들을 포기하지 않고 지속적으로 접촉하며 치유와 회복을 위해 노력해야 합니다.

학교로서의 속회는 하나님의 뜻을 바로 알도록 지속적으로 말씀으로 양육하고 그리스도의 법을 성취하도록 비전을 제시하고 권면해야 합니다. 현재의 속회원들의 신앙생활, 예배와 말씀, 기도와 헌금, 사역의 열정 등을 살피면서 격려와 권면을 해 주어야 합니다.

성도들을 교회로 연결하기 위한 심방사역

속회는 성도들을 교회로 연결해야 합니다. 양육사역이 성도 개인의 관한 돌봄이라면 심방사역은 개인을 교회와 연결시키고 성도와 연결고리를 만들어 주는 중요한 역할입니다. 심방사역을 통해 목회자와 성도, 나아가 성도와 성도, 성도와 목회자 사이에 교제권이 형성될 수 있습니다.

심방 사역은 구체적으로 어떻게 진행될 수 있을까요? 교회에서 행하는 심방사역은 정기적인 '대심방'과 성도들의 상황에 따라서 진행되는 '낙심자 심방', '경조사 심방'등이 있습니다. 속장은 심방을 위해 교회와 성도 사이의 다리의 역할을 잘 감당해야 합니다.

대심방

교회에 따라서 다르지만 일반적으로 연중 대심방을 하는 경우도 있고, 봄철과 가을철에 나누어 실시하는 경우들도 있습니다. 대심방은 성도들의 가정을 방문하여 실시하기 때문에 자연스럽게 성도들의 삶의 형편과 기도의 제목들을 나누면서 관계를 형성할 뿐만 아니라 성도들의 영적인 필요를 발견할 수도 있습니다.

대심방의 가장 중요한 목적은 교회와 성도 간의 삶을 나누고, 영적인 필요를 발견하며, 상호간의 교제권을 형성하는 것입니다. 속장은 속회원의 가정마다 대심방이 이루어질 수 있도록 노력해야 합니다.

> **Tip** 대심방시 속장의 역할
>
> 첫째, 대심방 스케줄을 은혜롭게 조정하라 – 믿음이 연약한 자를 배려하라
> 둘째, 대심방 진행시 소통자가 되라 – 심방진행 상황 및 도착 예정 시간 알리기
> 셋째, 대심방 예배 환경 조성하기 – 애완동물관리, 전화기 OFF 등
> 넷째, 대심방 가정에 대한 상황 숙지 및 공유
> 　　 – ・영적 상황　・삶의 정황　・전도대상자
> 다섯째, 대심방 이후 기도응답사례 확인 및 공유

낙심자 심방

신앙생활을 할 때에도 세상의 유혹과 위협이 여전히 존재합니다. 또한 교회 안에서 다양한 사람들과 함께 교회생활을 하면서 때때로 상처를 받기도 합니다. 이러한 일들로 인해서 믿음의 길에서 벗어나는 성도들이 생겨나기 마련입니다. 이러한 성도들을 찾아가 회복을 권면하며 심방하는 것을 낙심자 심방이라고 합니다.

속장은 속회 안에 편성된 태신자들과 속회에서 신앙생활을 하다가 낙심한 이들을 찾아가 붙들어주고 일으켜 세워주어야 합니다. 이를 위해서 속장은 낙심자가 다시 돌아와 견고히 설 수 있도록 지속적으로 인내하며 노력해야 합니다.

경조사 심방

우리의 삶 속에는 다양한 경조사가 있습니다. 경조사에 참석하여 축하하고 위로하고 기뻐하는 것은 중요합니다. 왜냐하면 이러한 것들이 신뢰의 관계를 증명하고 사랑의 마음을 전하기 때문입니다. 대표적인 경조사는 장례식, 결혼식, 돌잔치 등이 있으며 병원에 입원하는 경우도 있습니다. 속장은 이러한 상황을 교회에 알려주고 속회원들이 함께 참석하여 위로와 축하할 수 있도록 가교역할을 해 주어야 합니다.

속회의 양육사역을 통하여 성도들의 목회적인 돌봄이 가능해지게 됩니다. 또 성도들의 필요에 창조적으로 응답하여 문제를 해결하는 목회는 심방사역으로부터 시작됩니다. 속장들은 심방의 사역의 중요성을 기억하며 다양한 방식으로 만남을 갖고 삶을 나눔으로 교제권이 형성되도록 노력해야 합니다.

교회 목회 지원 사역

속회가 교회목회의 지원 사역을 충실하게 감당할 때에 교회는 사명을 감당할 수 있으며 자연적으로 교회는 성장하게 됩니다. 그렇다면 교회 지원사역의 구체적 내용은 무엇일까요?

교회와 신앙을 지켜야 합니다

속회는 교회를 보호해야 합니다.

기독교 역사 속에서 하나님의 나라는 교회를 통하여 확장해 나갔습니다. 사탄은 교회를 무너뜨리기 위해서 끊임없이 시도하며 포기하지 않습니다. 특별히 교회를 위협하는 가장 큰 요소는 '이단'입니다. 이단들은 교회를 무너뜨리기 위해서 담임목사를 무너뜨리려고 합니다. 담임목사에 대한 부정적인 소문들을 퍼뜨리고 성도들이 소문을 진실로 받아들이도록 노력합니다. 담임목사의 영적인 지도력을 무력화시키려고 합니다. 속회는 이러한 이단의 활동들을 막아내고 영적인 질서, 바른 지도력이 발휘될 수 있도록 동역해야 합니다.

교회는 성도들의 신앙을 수호해야 합니다.

우리가 신앙생활을 하는 현장은 전쟁터와 같습니다. 우리 곁에는 신앙의 왜곡과 변질을 일삼는 다양한 이단들이 존재하며 성도들을 유혹합니다. 심지어 교회 공동체 안으로 침투해서 교회를 무너뜨리려고 합니다. 이러한 시도를 발견하고 막아낼 수 있는 것이 속회입니다. 친밀한 교제와 나눔을 통해서 서로에 대해서 파악할 수 있으며 신뢰의 관계 속에서 말씀을 나누며 배울 수 있습니다. 성도들의 신앙을 지키는 보루가 바로 속회입니다.

속회원들이 교회 공동체의 예배와 행사에 적극적으로 참석할 수 있도록 권면과 도움을 주어야 합니다

교회에는 다양한 예배와 말씀공부 시간, 다양한 이들을 대상으로 하는 행사들이 지속적으로 진행됩니다. 이를 통해서 신앙이 깊어지고 성도들은 믿음이 견고해지고 즐거운 교제를 이룰 수 있습니다. 그러나 이러한 모임이나 예배 행사에 참석하고 싶지만 참석할 수 없는 여건에 놓인 성도들도 있습니다. 속장은 이러한 속회원들이 예배와 행사, 교육에 참석할 수 있도록 문제를 해결해 주기 위해서 노력해야 합니다.

속회원의 신앙의 성장을 안내해야 합니다

속장은 속회원들에게 신앙의 목표를 제시해 주어야 합니다. 속회 안에 다양한 영적 수준을 가진 사람들이 함께 합니다. 그렇기 때문에 속회원들의 영적인 수준과 상황을 파악하고, 그들이 신앙의 도전을 할 수 있도록 격려와 권면, 동기부여를 해 주어야 합니다. 신앙이 정체되지 않고 성장해 갈 수 있도록 지속적인 노력을 감당해야 합니다.

속회원과 교회의 다리 역할을 감당해야 합니다

속장은 속회원과 교회의 다리 역할을 해야 합니다. 속회원들의 영적필요와 상황들을 목회자에게 보고해야 하며, 교회 공동체의 목표와 비전들을 이루기 위한 다양한 사역들에 속회원들이 동참할 수 있도록 노력해야 합니다. 이러한 유기적 관계 속에서 교회는 성장하게 됩니다.

효과적인 교회 사역을 위해 기억해야 할 것

속회는 별도의 개별적 그룹이 아니라 교회 공동체의 목회의 비전을 따라서 함께 동역하는 그룹으로 존재해야 합니다. 그렇기 때문에 교회공동체의 연중 목회 계획에 대하여 숙지하고 있어야 합니다. 목회적 여건에 따라 이루어지는 다양한 목회활동에 대하여 관심을 갖고 확인해야 합니다. 또한 그 목회활동들이 갖는 의미와 목적을 분명하게 이해하고 속회원들이 동참할 수 있도록 독려해야 합니다.

그렇다면 효과적인 교회의 사역을 위해서 기억해야 할 것이 무엇일까요?

교회와 속회의 유기적 관계를 유지해야 합니다

교회와 속회는 유기적이며 지속적으로 소통하는 관계여야 합니다. 주님의 몸 된 교회가 사명을 위해 움직일 때에 함께 하는 속회는 적극적으로 교회의 사역에 동참하여 사명을 감당해야 합니다. 이러한 유기적인 관계를 위해서 필요한 것이 있습니다.

교회 행사 속에 담긴 의미를 숙지하고 전하십시오 : 왜 할까?

모든 목회계획에는 중요한 의미들이 있습니다. '본질적인 의미'와 '관계적인 의미'가 있습니다. 본질적인 의미가 행사를 통해서 이루고자 하는 가장 중요한 목적이라면 관계적인 의미는 행사를 통해서 교회와 성도들이 누릴 수 있는 유익을 말합니다.

속회들의 연합조직인 교구에서 교구별 찬양대회를 한다고 가정해 보시기 바랍니다. 행사의 본질적인 의미는 '하나님을 영화롭게 하는 것'이고 또 관계적인 의미는 '새가족들의 연합과 교구의 단합을 이루어내는 것'입니다. 교회는 품은 의미를 속장들은 반드시 숙지하고 의미들이 성취되도록 구체적으로 노력해야 합니다. 뿐만 아니라 속장은 속회 안에서 교회행사들 속에 담긴 의미들을 속회원들에게 분명하게 가르쳐야 합니다. 왜냐하면 의미를 모른 채 행사에 참여하면 피로도 높아지고 금방 지치기 때문입니다.

교회행사에 참여할 수 있도록 단계적으로 권면하십시오 : 어떻게 할까?

속회는 교회의 행사와 교육, 예배에 속회원들이 참여하도록 권면해야 합니다.

1단계는 '확정 단계'입니다. 성도들에게 교회행사에 대하여 자세하게 공지하며 참석할 수 있도록 권면하는 것입니다. 이 단계에선 반드시 '일대일'로 고지해야 합니다. 대면하여 고지하거나 전화통화로 해야 합니다. 문자나 메신저로 교회행사 참석여부를 확정해서는 안 됩니다.

2단계는 '확인 단계'입니다. 확인단계는 참석이 확정된 이들에게 문자나 메신저들을 활용하여 일정을 잊지 않도록 하는 단계입니다.

속장은 여러 명에게 똑같은 것을 이야기해야 하는 어려움이 있습니다. 그러나 속장에게 연락받는 속회원들은 속장과 일대일로 대하는 것으로 이해하고 있음을 잊지 말아야 합니다.

교회행사의 참석해야 할 대상은 모든 사람입니다 : 누구를 위한 것일까?

가끔 속장이 교회 행사에 참석할 수 없는 경우에 자신이 갈 수 없으니까 이야기도 하지 않고 권면하지 않는 경우가 있습니다. 이것은 부적절한 것입니다. 그렇기 때문에 속장은 모든 교회 행사와 예배에 적극적으로 참여해야 하며, 이와 동시에 속회원들이 함께 참석할 수 있도록 적극적으로 권면해야 합니다.

은사보다 중요한 것이 영적질서임을 기억해야 합니다

고린도전서 14:12
그러므로 너희도 영적인 것을 사모하는 자인즉 교회의 덕을 세우기 위하여 그것이 풍성하기를 구하라

하나님께서 주시는 은사의 목적은 자신을 드러내는 것이 아니라 교회의 덕을 세우기 위함입니다. 하나님이 주신 은사를 사용할 때에는 언제나 교회의 영적인 질서를 따라야만 합니다. 실제로 중대형의 교회의 경우 수 천 명이 함께 신앙생활 하며 다양한 부서에서 여러 가지 활동들이 펼쳐지게 되면서 충돌과 그로 인한 갈등이 일어나곤 합니다.

속회에서도 마찬가지입니다. 속회에서도 나름의 여러 가지 계획과 일정이 있습니다. 그래서 종종 교회 안의 여러 부서들이나 교회 전체의 목회계획들과 중복되거나 혼선을 일으키는 경우가 생깁니다. 이러한 혼선과 충돌은 미연에 방지하는 것이 바람직합니다. 그 방법은 무엇일까요?

우선순위의 기준을 분명히 세워야 합니다.

혼선과 충돌을 미연에 방지하는 방법은 우선순위의 기준을 세우고 그 기준에 따라서 진행하는 것입니다. 예를 들면 대심방이 예정되어 있는 상황에서 갑작스럽게 성도의 장례를 집례해야 하는 경우에 우선순위는 대심방이 아니라 장례에 있

습니다. 속회의 야유회가 잡혀 있는 시간에 특별기도회로 온 성도들이 모이기로 했다면 이 역시 특별기도회가 우선순위를 갖게 됩니다. 속장은 언제나 교회 목회의 흐름을 파악한 후에 속회의 계획들을 수립해야 하며 목회의 상황 변화에 따른 사역들 속에서 기준에 따라 선택해야 합니다.

교회 안의 영적질서를 따라야 합니다.
교회라는 몸에는 여러 다양한 지체들이 함께 다양한 모습으로 존재하고 있습니다. 그렇기 때문에 반드시 질서를 따라야 합니다. 교회 안의 영적인 질서는 담임목사로부터 교구목회자, 속장과 성도로 이어집니다. 담임목사의 목회의 방향과 부담임목회자의 목회의 방향이 일치되어야 하듯, 속장도 담임목사의 목회의 방향과 항상 일치되어야 합니다. 동일한 영적인 흐름과 질서 아래에서 속회원들을 양육하고 세워나가야 합니다. 만일에 이러한 영적질서에 동의가 되지 않는다면 속장의 자리를 내려놓고 다른 사역을 하는 것이 바람직합니다.

정기적인 소통을 가져야 합니다

교회가 대형화될수록 성도간의 친밀성은 떨어지게 됩니다. 또한 성도에 대한 목회자의 친밀도 역시 낮아지게 됩니다. 이러한 상황에서 속장들은 중요한 역할을 감당해야 합니다. 이 중요한 역할이 바로 '브릿지 사역(Bridge Ministry)'입니다. 브릿지 사역은 흔히 '교제권'이라고 표현합니다. 즉 어떻게 관계를 맺고 있느냐의 문제인 것입니다.
브릿지 사역은 크게 속장과 속회원 사이에 이루어지는 사역과 교회와 속회사이에서 이루어지는 사역으로 나눌 수 있습니다.

속장과 속회원 사이에서 이루어지는 소통

속회 안에서의 교제권의 형성은 두 종류로 나눌 수 있습니다. 하나는 '속회 중심의 교제권'이며, 다른 하나는 '속회+일대일 교제권'입니다. 바람직한 속회의 교제권은 '속회 + 일대일 교제권'입니다. 차례로 살펴보겠습니다.

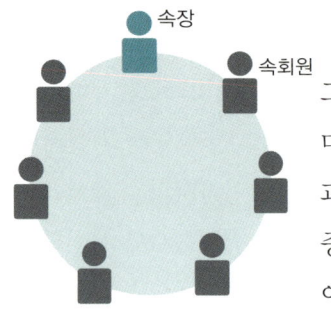

속회 중심 교제권

첫 번째 그림은 속회중심의 교제권을 표현하는 그림입니다. 파란색은 속장을, 회색은 속회원을 의미합니다. 속회 중심의 교제권은 속회 안에서 속장과 속회원이 함께 만나는 것입니다. 그러나 속회 중심의 교제권은 속회 안에서만 이루어진다는 약점이 있습니다.

반면에 보다 건강한 속회 안의 소통의 모습은 '속회 + 일대일 교제권'입니다. 속장과 속회원이 함께 속회 안에서 만나 교제권을 형성하는 것은 '속회 중심의 교제권'의 모습과 동일합니다.

그러나 속장은 속회뿐 아니라 속회 밖에서 속회원들과의 일대일 만남을 통하여 긴밀한 관계를 유지하게 됩니다. 이러한 속회 밖의 사역을 통하여 속장은 속회원과의 친밀함을 유지하며 신뢰의 관계도 형성하게 됩니다.

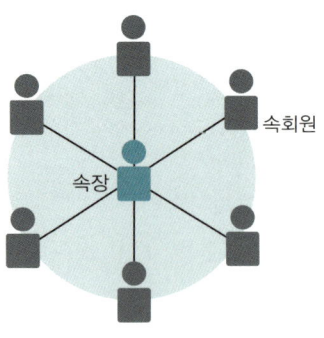

속회 + 일대일 교제권

속회는 '속회중심의 교제권'에서 '속회+일대일 교제권'의 형태로 발전해 나가야 합니다. 이러한 점진적인 발전을 통하여 속장의 리더십은 굳게 세워지고 속회 안에서 삶을 나누고 함께 기도할 수 있는 바람직한 속회의 모습을 갖추게 됩니다.

반면에 피해야 하는 문제의 속회의 형태가 있습니다. 속장이 속회 안에서 리더십을 갖지 못하고 주도권을 상실하는 모양입니다. 속장의 자리에 다른 속회원이 위치하고 있습니다. 이것은 건강하지 못한 속회의 전형적인 모습입니다.

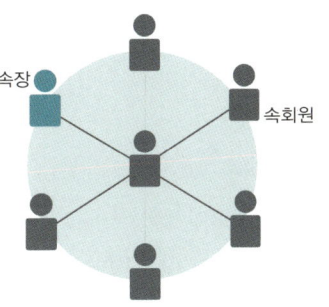

속장이 아닌 속회원 중심의 교제권

이러한 상황에서 어떤 해결책이 있을까요? 이러한 상황에서의 목회적인 해결책은 가운데 속회원을 속장으로 세우는 것 보다는 다른 속회로 보내는 것이 바람직합니다. 또한 속장은 '속회 + 일대일 교제권'의 소통의 관계를 갖도록 힘써야 합니다.

속회에서의 소통의 구조는 자연스럽게 이루어지는 것이 아닙니다. 속장의 지속적인 헌신과 희생, 열정을 통해서 이루어지는 것입니다. 그리고 이러한 수고의 결과로 이루어지는 속회의 소통 구조는 속장의 리더쉽을 공고하게 하며 속회로서의 사명을 감당할 수 있게 됩니다.

속회와 교회 사이에서 이루어지는 소통

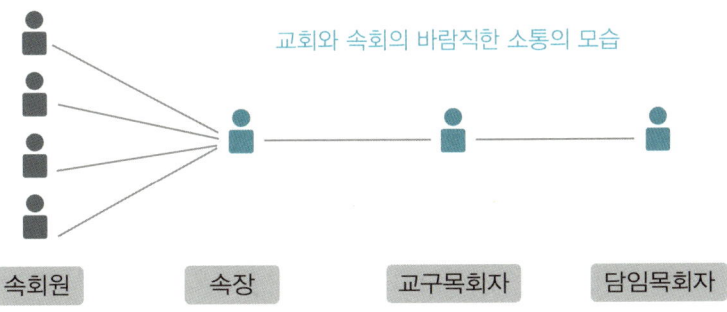

교회와 속회의 바람직한 소통의 모습

속장은 교회와 성도를 이어주는 다리의 역할을 합니다. 속장은 성도들의 상황을 수렴해서 교구목회자에게 전달하고 담임목사에게까지 이어지도록 하는 것입니다. 또 반대로 교회 차원의 목회적 권면이나 지침들이 속회원들에게 전달하도록 해야 합니다. 이처럼 속장들은 교회와 성도들 사이에서 소통의 관계를 유지하고 있어야 합니다.

요한복음 15:5
나는 포도나무요 너희는 가지라 그가 내 안에, 내가 그 안에 거하면 사람이 열매를 많이 맺나니 나를 떠나서는 너희가 아무 것도 할 수 없음이라

에베소서 2:20-22
20.너희는 사도들과 선지자들의 터 위에 세우심을 입은 자라 그리스도 예수께서 친히 모퉁잇돌이 되셨느니라 21.그의 안에서 건물마다 서로 연결하여 주 안에서 성전이 되어 가고 22.너희도 성령 안에서 하나님이 거하실 처소가 되기 위하여 그리스도 예수 안에서 함께 지어져 가느니라

전도의 사명을 감당해야 합니다

속회는 교회 안의 작은 교회로서 영혼구원의 사명을 감당하는 곳입니다. 왜 전도해야 할까요? 그것은 전도가 바로 신앙인의 삶 자체이기 때문입니다. 그렇다면 속회에서 어떻게 전도의 사역을 감당할 수 있을까요?

속회의 전도사역의 구체적인 내용을 기억하고 도전하십시오
속회의 전도사역의 구체적인 내용은 다음과 같습니다.
① 전도에 대한 동기부여가 이루어져야 합니다.
　　속장은 속회원들이 전도할 수 있도록 지속적으로 동기를 부여해 주어야 합니다.
② 전도대상자를 위해 속회에서 중보기도를 하도록 해야 합니다.
　　속장은 속회 안에서 전도를 위한 중보기도를 지속적으로 해야 합니다. 속회 내에 불신자들과 불신 가족들, 태신자들을 위해서 기도해야 합니다. 왜

냐하면 중보기도를 통하여 전도의 중요성을 깨닫게 되고 포기하지 않게 되기 때문입니다.

③ 전도의 현장으로 함께 나아가야 합니다.

속장은 속회원들을 전도의 현장으로 이끌어 내야 합니다. 기도하고 결단한 전도를 위해 실천하며 도전하게 해야 합니다. 대표적인 것이 노방전도입니다. 실제로 노방전도를 통해서 낯선 사람에게 복음을 증거하면서 전도에 대한 자신감을 얻게 되고 전도의 체질로 바뀌게 된 사람들이 많습니다. 노방전도의 자리에 속회원들과 함께 하는 것이 중요합니다.

④ 속회를 통해 태신자들을 함께 전도하십시오.

속장은 속회를 전도의 자리로 만들어야 합니다. 태신자들을 속회모임에 초청하거나 가족초청 잔치 등을 실시하여 속회에서 전도의 열매를 거둘 수 있도록 합력하여 선을 이루도록 해야 합니다.

이러한 구체적인 속회의 전도사역에 대하여 속회원들에게 가르치고 실천하십시오. 이러한 일들을 통하여 하나님의 나라가 확장되는 것을 경험하게 될 것입니다.

속회전도사역을 단계적으로 확장해 가야합니다.

속회의 전도 사역은 단계적으로 확장해 나가야 합니다. 이러한 전도의 단계는 아래의 그림과 같습니다.

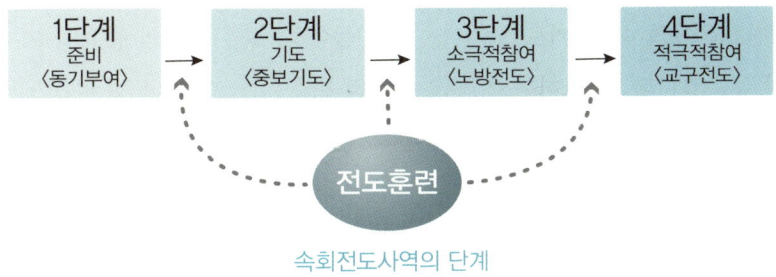

속회전도사역의 단계

① 1단계 : 준비 단계

속회원들에게 '왜 전도해야 하는가?'에 대한 동기부여의 단계입니다. 영혼 구원을 향한 하나님의 마음과 십자가의 대속의 은혜, 그리고 전도자의 삶에 대해서 나누면서 동기부여를 하는 단계입니다.

② 2단계 : 기도의 단계

믿지 않는 사람들을 위해서 중보기도하는 단계입니다. 전도는 영적 전쟁이기 때문에 기도를 통하여 능력을 덧입어야 함을 기억하며 기도해야 합니다. 불신자들과 불신하는 속회원의 가족들, 낙심하여 믿음의 공동체를 떠난 부진자들을 위해서도 중보기도를 해야 합니다.

③ 3단계 : 소극적인 참여의 단계

속회원들이 전도활동에 참여하는 단계입니다. 이 단계의 가장 중요한 초점은 전도의 자리에 참석하는 것입니다. 전도는 어렵지 않다는 것을 인식하도록 "차만 따라 주세요.", "전도지만 챙겨주면 돼요." 라고 말하며 속회원에 전도의 활동에 소극적으로라도 참여하도록 해야 합니다.

④ 4단계 : 태신자 전도의 단계

속회원이 적극적으로 전도활동에 참여하는 단계입니다. 속회원이 전도 대상자로 마음에 품고 있는 이들을 향해 복음을 증거하는 단계입니다. 속장은 속회원들을 격려하며 영혼을 결실을 맺을 수 있도록 동역해야 합니다.

속회 전도는 1단계부터 차례로 단계를 진행해 가면서 확장하면 됩니다. 단, 모든 과정 가운데 중보기도는 지속적으로 해야 합니다. 영혼구원을 위해서 함께 기도할 때 하나님이 역사하시기도 하지만 속회원들이 가족의 구원의 중요성을 잊지 않게 되기 때문입니다. 기도하는 가운데 전도의 마음이 들게 되고 결국 전도의 자리로 나아가게 됩니다.

건강한 속회의 운영을 위한 노력

아름다운 건물은 한 사람의 상상으로부터 시작하여 청사진을 그리고 설계도에 따라 건축하면서 결국 완성됩니다. 건강한 속회에 대한 청사진은 매우 중요합니다. 그렇다면 건강한 속회는 어떻게 운영될까요? 아래의 그림이 바로 건강한 속회의 모습입니다.

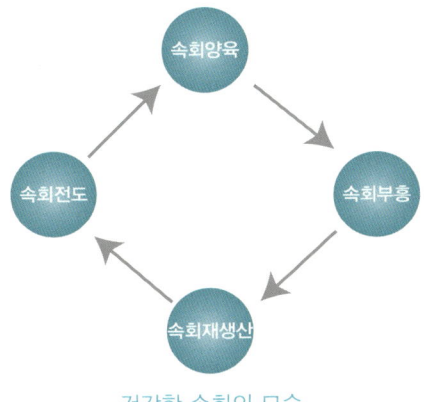

건강한 속회의 모습

우선 속회 안에 속회전도를 통하여 새가족이 들어오게 되면 속장과 속회원들은 새가족을 양육하게 됩니다. 그리고 새가족이 속회에서 신앙생활을 지속해 가면서 신앙이 성장하게 되고 또 속회도 수적으로 성장하게 됩니다. 이러한 순서로 속회가 부흥하게 됩니다.

그리고 속회는 속회의 재생산을 염두 해두고 지속적으로 속회의 리더십을 개발하고 예비 속장을 선별하여 훈련하게 됩니다. 이러한 과정을 거쳐 속회는 재생산되고, 새로운 리더들이 세워지게 됩니다. 그리고 새롭게 탄생하는 속회는 속회전도에 힘써 새가족을 받아들이며 속회 양육, 속회 부흥, 속회 재생산의 단계를 밟아가게 됩니다.

건강한 속회는 이러한 순환구조를 따라 운영됩니다. 이것은 속회 자체가 가진 생명력으로 움직여지며 확장되어 갑니다. 바람직한 교회는 성도가 늘어가는 것이 아니라 속회가 늘어나는 것입니다. 속회가 아니라 성도만 늘어나는 것은 조그만 위기 앞에서도 흩어질 수 있는 모래알과 같습니다.

반면에 속회가 많아지는 구조는 안정적입니다. 성도의 성화와 교회의 성장을 함께 이루어 갈 수 있습니다. 교회를 찾아 온 이들이 등록 후에 속회에 편성되는 것보다 속회 자체에서 전도가 일어나고 속회 재생산이 일어나는 것이 훨씬 유익합니다.

나눔

1. 우리의 속회는 양육형 속회와 기능형 속회로서의 균형을 잘 유지하고 있습니까?

2. 교회 목회를 지원하는 속회로서 어떻게 사명을 감당하겠습니까? 구체적으로 서로 나누어 보시기 바랍니다.